DEPRESSIONEN ÜBERWINDEN

Verstehen, was Depressionen sind und wie man den Weg zum eigentlichen Selbst zurückerlangt

Hilfe für Betroffene und Angehörige im Diagnose- und Behandlungsprozess

von Marielle Camann

1. Auflage

©2021 Marielle Camann

Alle Rechte vorbehalten

Inhalt

Herzlich willkommen 6

Depressionen – eine Einführung 9

Was sind Depressionen? 11
Aktuelle Definition der Depressionen 11
Veraltete Definition 13

Was passiert bei Depressionen? 14

Wer zählt zu der Risikogruppe? 16

Depressionen in Zahlen und Fakten 17

Depressionen erkennen 19

Ursachen 21
Die Gene 24
Umwelteinflüsse 24
Stressfaktoren 25
Trauma 27
Biochemische Veränderungen im Gehirn 29
Resilienz 29
Schlafstörung 30
Schwangerschaft 31

Symptome 32
Achtung! Männer haben oftmals andere Symptome ... 36
Depressionen bei Kindern 38
Abschließend 41

Die Vielfältigkeit der Krankheit 43

Differenzialdiagnostik 44
  Dysthymie 45
  Saisonale affektive Störung 45
  Schizoaffektive Störung 45
  Abschließend 46
Depressive Stimmung 47
Depressive Episode 48
Rezidivierende depressive Störung 49
Anpassungsstörung 50
Chronische Depressionen 51
Depressionen & andere psychische Erkrankungen
.... 52

Eine weitreichende Krankheit 54
Was bedeuten Depressionen? 56
  Für Betroffene 57
  Für das Umfeld 59
  Für den Beruf 60
Die Sache mit dem Verständnis 63
Kein Beinbruch und trotzdem einschränkend 67

Für Angehörige 68
Wie sollen Sie Vermutungen äußern? 70
Was Sie tun können und der Umgang 73
Die zehn goldenen Regeln 75
Co-Erkrankung vermeiden 79

Ein Weg aus den Depressionen 81

Therapieansätze 83

Medikamentös 84

Psychotherapie 85

Selbsthilfegruppen 88

Entspannungstechniken 89

Welche Therapiemöglichkeiten gibt es noch? 91

Ziele der Therapie 93

Was kann man selbst machen? 95

Als an Depressionen erkrankte Person 95

Als Angehöriger einer an Depressionen erkrankten Person 98

So erkennen Sie, ob eine Therapie anschlägt 102

Heilungschancen 104

Statistik und Zahlen 107

Ein Test 109

Habe ich Depressionen? 111

Auswertung 113

Könnte jemand in meinem Umfeld Depressionen haben? 115

Auswertung 117

Abschließende Worte 119

Quellen 121

Haftungsausschluss 124

Urheberrecht 125

Herzlich willkommen

Lieber Leser,

liebe Leserin,

ich möchte Sie zu diesem Buch herzlich willkommen heißen. Depressionen, das ist ein Thema, welches uns alle angeht. Keine andere Krankheit zieht solche Kreise und hinterlässt solche allumfassenden Einschnitte, wie die psychische Krankheit, bei der die Seele Trauer trägt.

Depressionen werden dabei von Mensch zu Mensch anders wahrgenommen und nicht selten tauchen Sie gepaart mit einer weiteren psychischen Erkrankung auf. Doch auch alleingestellt ist die Depression eine Krankheit, die sehr viel Leid mit sich bringt. Leid, das nicht nur die Betroffenen verspüren, sondern auch die Angehörigen und nahestehenden Menschen.

Niedergeschlagen, ohne jegliche Anteilnahme und kaum eine emotionale Reaktion – nicht selten führt die Interpretation zu ganz falschen Ergebnissen und befeuert auf diese Weise einen Teufelskreis, der nur sehr schwer zu durchbrechen ist. Frust auf beiden Seiten, Entmutigung und Verletzung – die Depression versteht es, jeden Tag ein Stück mehr Lebensqualität zu nehmen. Dabei ist sie therapierbar, und die Heilungschancen stehen sogar sehr gut. Vor allem dann hat man gute Karten, wenn die Depression sehr früh entdeckt wurde. Doch selten gehen Betroffene bei den ersten Anzeichen zum Arzt. Auch Angehörige können die Veränderungen zunächst nur schwer einordnen. Vielleicht steckt keine Depression dahinter, sondern nur eine Überarbeitung? Man sollte bekannterweise nicht gleich mit Kanonen auf Spatzen schießen. Und so nehmen die Dinge ihren Lauf.

Hinzu kommt, dass die Depression viele Gesichter hat und sich darüber hinaus bei jedem ein wenig anders äußert. Wer nicht gerade Psychologie studiert hat, kann die ersten Warnsignale nur schwer erkennen. Fakt ist nämlich, dass eine handfeste Depression sich nicht über Nacht entwickelt. In den meisten Fällen ist es ein schleichender Prozess, wobei hier Ausnahmen die Regel bestätigen!

Nicht selten braucht es Wochen und Monate, bis eine Depression diagnostiziert ist. Sie hat ein so großes Erscheinungsbild, greift in so viele Abläufe des Körpers ein, dass sie sich selbst hinter diffusen Bauch- oder Kopfschmerzen verbergen kann. Ist die Diagnose „Depressionen" aber erst einmal gestellt, dann kommen viele Fragen auf. Wo liegen die Ursachen? Wie konnte es nur so weit kommen? Vor allem aber: Wie geht es jetzt weiter?

Betroffene sowie Angehörige werden vor vollendete Tatsachen gestellt, scheinen den Ärzten ausgeliefert zu sein und haben doch so viele Fragen, die auf eine Antwort warten. Und genau hier soll dieses Buch helfen. Es soll nicht nur erklären, wie sich eine Depression äußert, sondern was eine Depression überhaupt ist. Das Erkennen einer Depression ist besonders wichtig, damit schnell gehandelt werden kann. Hierzu möchte ich Ihnen neben den Ursachen auch gleichzeitig die Symptome vorstellen. Außerdem finden Sie am Ende des Buches eine persönliche Überprüfung, ob Sie selbst oder ein Angehöriger an Depressionen leiden könnte.

Bereits erwähnt habe ich die Vielseitigkeit der Krankheit. Und das ist sie in der Tat! Wie sie sich von anderen Krankheiten abgrenzt und welche Erscheinungsformen sie hat, wird ebenfalls Teil dieses Buches werden. Doch nicht nur vielseitig, sondern auch weitreichend ist die Depression. Sie greift in viele Lebensräume ein, fordert das soziale Umfeld der erkrankten Person heraus und stiftet nicht selten Unmut und Ungeduld. Überforderung und Hilflosigkeit regieren dann den Alltag von Betroffenen und Angehörigen. Doch das muss nicht sein! Denn es gibt Wege aus der Depression! Allerdings sollten auch die Angehörigen dabei nicht auf der Strecke bleiben! Auch sie leiden enorm unter der Krankheit und sollen aus diesem Grund ebenfalls Teil dieses Buches sein.

Die Depressionen sind eine Krankheit, die schwer zu begreifen ist. Betroffene haben keinen blauen Fleck, humpeln nicht und tragen auch keinen Gips um den Fuß. Es ist eine sichtbar unsichtbare Krankheit, die es zu behandeln gilt. Doch mit mehr Verständnis von Seiten der Angehörigen und durch eine bessere Kommunikation mit den Betroffenen lässt sich schon eine Menge bewirken.

Ich möchte Sie daher nun einladen, eine Reise in die Welt der Depressionen zu machen. Lernen Sie mit mir die Krankheit kennen und erfahren Sie, was es mit den Depressionen auf sich hat.

Depressionen – eine Einführung

Depressionen sind eine ernstzunehmende psychische Erkrankung. Wenn die Seele um Hilfe ruft, dann sollte gehandelt werden. Dabei ist die Depression eine so vielseitige und vielschichtige Krankheit, dass sie nicht immer leicht zu identifizieren ist. Am häufigsten wird in Zusammenhang mit den Depressionen eine tiefe Niedergeschlagenheit verknüpft. Aber auch ein Verlust der Interessen an zuvor freudebringenden Hobbys und Aktivitäten sowie die Antriebslosigkeit werden zu den klassischen Symptomen in Verbindung mit den Depressionen genannt. Dabei besteht eine Depression aus deutlich mehr Symptomen, so zum Beispiel bestehen Ein- und Durchschlafstörungen, Zweifel an der eigenen Person, Schuldgefühle und sogar die Konzentration kann derbe in Mitleidenschaft gerissen werden.

Besonders kritisch ist die Selbstmordrate zu betrachten. Diese liegt bei 10 bis 15 Prozent! Depressionen sind also mehr als einfach nur eine gedrückte Stimmung.

Doch anders, als es bei einem Beinbruch der Fall ist, bleibt die Depression von vielen Außenstehenden unbemerkt, bis sie für Betroffene nicht mehr zu verbergen ist. Dabei erstreckt sich das Leid der an Depressionen Erkrankten bereits über eine geraume Zeit. Wir sprechen hierbei über ein Zeitfenster von meist Jahren, in denen sich die Depression mit zunehmendem Tempo entwickeln kann.

Depressionen haben ein vielfältiges Erscheinungsbild, und wenngleich es einen Symptomkatalog gibt, so äußern sich die Depressionen für Betroffene doch immer ein wenig anders. Manch einer würde die Depression als einen Kraken beschreiben, der einen mit den mächtigen Armen in das tiefe Schwarz reißt. Wieder andere ziehen Vergleiche mit dem allseits bekannten inneren Schweinehund, der die Betroffenen an die Leine nimmt. Zwischen himmelhochjauchzend und emotional versteinert, die Depression bietet eine große Bandbreite an Symptomen. Diese muss ein Betroffener erst einmal einschätzen und händeln können. Bis Betroffene allerdings merken, wie ihnen geschieht, hat die Depression den Menschen schon fest in ihren Fängen.

Dieses Kapitel soll Ihnen einen ersten Überblick über die Volkskrankheit verschaffen. Und tatsächlich, die Depression ist die psychische Volkskrankheit schlechthin. Jährlich erkranken 2 Personen von 100 Personen neu an der psychischen Krankheit. Doch was hat es nun mit der Depression auf sich, was sind Depressionen und was geht im Gehirn eines Betroffenen vor? Diese und andere Fragen sollen innerhalb dieses Kapitels geklärt werden.

Was sind Depressionen?

Mit dem Fortschreiten der Medizin und Forschung hat sich auch die Depression, vielmehr die Begriffserklärung dieser, gewandelt. Zunächst sollte man meinen, es sei ein ganz natürlicher Prozess, allerdings bleibt das veraltete Krankheitsbild beständig in den Köpfen der Menschen. Dieser Umstand führt nicht selten zu einem Problem. Aus diesem Grund möchte ich Ihnen in diesem Kapitel die aktuelle sowie die veraltete Definition von Depressionen aufzeigen.

Aktuelle Definition der Depressionen

Die Depression wird von einem Mediziner in drei verschiedene Schweregrade eingeteilt: die leichte, mittelschwere und schwere Depression. Verwirrender wird es allerdings bei einer detaillierten Differenzierung zwischen depressiver Stimmung, einer depressiven Episode, der sogenannten rezidivierenden depressiven Störung, einer Anpassungsstörung und chronischen Depressionen. Auf all diese verschiedenen Formen möchte ich in dem Kapitel *Die Vielfältigkeit der Krankheit* genauer eingehen.

Wie wird nun der Beginn einer Depression laut aktueller Definition beschrieben? Von einer beginnenden Depression wird gesprochen, sobald zwei der drei Hauptsymptome (**Niedergeschlagenheit**, **Interessenverlust** und **Antriebslosigkeit**) kontinuierlich seit zwei oder mehreren Wochen Bestand haben. Da es sich bei den drei Hauptsymptomen um gängige Regungen, auch bei gesunden Menschen, handelt, reichen diese natürlich nicht aus, um eine Depression eindeutig zu identifizieren. Hier werden nun also noch die sieben sogenannten Zusatzsymptome zurate gezogen, von denen mindestens zwei über den gleichen Zeitraum Bestand haben müssen.

Die sieben Zusatzsymptome der Depression lauten:

- Konzentrationsschwierigkeiten und Probleme mit der Aufmerksamkeit
- Schwindendes Selbstwertgefühl und mangelndes Selbstvertrauen
- Schuldgefühle, aber auch das Gefühl, nichts mehr wert zu sein
- Negative und düstere Zukunftsaussichten
- Selbstmordgedanken und Selbstmordabsichten, darunter zählt auch Selbstverletzung
- Schlafprobleme, Ein- und Durchschlafstörungen
- Gewichtsverlust oder Gewichtszunahme ohne eine Absicht der Person

Je ausgeprägter und je mehr Symptome also auf Sie zutreffen, umso wahrscheinlicher ist eine mittelschwere oder schwere Depression. Heutzutage richtet sich also die Diagnose nach diesem Verfahren. Noch vor einigen Jahren war das anders, und dieses andere Verfahren geistert immer noch in den Köpfen der Menschen herum. Die Rede ist von der endogenen und exogenen Depression.

Veraltete Definition

Nur wenige Jahre ist es her, da wurde die Krankheit noch in endogene und exogene Depression aufgeteilt. Hierbei ging es weniger um die Symptome, als vielmehr um die Ursachen. So besagt die endogene Depression, dass die Erkrankung ohne sichtbaren oder organischen Auslöser begonnen hat. Man vermutete meist eine Stoffwechselstörung im Gehirn, der man nicht selten die Gene als hauptsächliche Ursache zuschrieb. Dem gegenüber steht die exogene Depression, bei deren Verlauf es einen direkten Auslöser geben sollte. Beispielsweise eine organische Erkrankung oder aber auch ein Trauma.

Heute wird diese Definition als überholt und somit nicht mehr anwendbar angesehen. Das liegt unter anderem daran, dass die Medizin Fortschritte erzielt hat, die zu einer besseren Diagnostik und auch Behandlung beiträgt.

Was passiert bei Depressionen?

Es steht noch eine Antwort auf die Frage aus, was bei den Depressionen überhaupt vor sich geht. Hier wird es besonders spannend, denn wenngleich einer Depression nicht zwangsläufig organische Ursachen zugrunde liegen müssen, ist sie aber doch eine organische Erkrankung. Um die Vorgänge bei einer Depression zu verstehen, müssen Sie einen Blick in das menschliche Gehirn werfen, denn hier ist nicht nur die Psyche zuhause, sondern auch der Ursprung dieser üblen Krankheit.

Dazu zoomen wir einmal ganz nah heran und erkennen alsbald, dass wir uns bei den Synapsen befinden. Diese übermitteln und verarbeiten die Reize im Gehirn, mittels sogenannter Botenstoffe. Bei einer Depression sind eben jene Botenstoffe, die Sie als eine Art Fähre zwischen den beiden Synapsen begreifen können, aus dem Gleichgewicht geraten. Stellen Sie sich hierzu vor, Sie stehen mit ganz vielen Menschen an einem Anleger.

Der Anleger ist eine Synapse und Sie möchten mit den anderen Menschen ans gegenüberliegende Ufer gelangen, eben zu der anderen Synapse. Sie und die Menschen, die mit Ihnen am Anleger warten, sind die Reize, die das Gehirn verarbeitet oder weiterleitet. Sie wollen zum Beispiel Ihre Eltern besuchen, während die anderen Menschen vielleicht einfach nur mitteilen wollen, dass heute schönes Wetter ist oder etwas Ähnliches.

Nun warten alle auf die Fähre. Diese kommt auch, doch legt nicht an. Kurz vor dem Anleger bremst sie ab und fährt wieder zurück auf den Fluss. Eigentlich fahren alle naselang Fähren zwischen den Anlegestellen, doch heute dauert es irgendwie sehr lange. Mittlerweile stauen sich regelrechte Menschenmengen am Anleger, die alle auf eine Fähre warten, die nicht kommt. Dann kommt endlich mal wieder eine Fähre, die aber nur drei Personen mitnehmen kann.

Ein Chaos entsteht, und die Botschaften, welche die Menschen übermitteln wollen, werden durch den gestörten Fährbetrieb eben nicht übermittelt. Und sehr vereinfacht gesagt ist es genau das, was bei einer Depression auch passiert. Reize werden durch das Ungleichgewicht der Botenstoffe nicht oder nur spärlich übermittelt. Wer nun meint, dass man diese Botenstoffe doch einfach auffüllen könne, wozu gibt es sonst auch Antidepressiva, der täuscht sich gewaltig. Ganz so einfach ist es nämlich nicht.

Die heute gängigen Antidepressiva haben zwar genau diese Aufgabe, allerdings ist das Ganze an Wechselwirkungen und Rückkopplungen gebunden, sodass es eben insgesamt gar nicht so einfach ist, dieses Problem zu beheben. Da das menschliche Gehirn aber wandelbar ist, neue Strukturen aufbauen kann und somit neue Nervenverbindungen erzeugt, lassen sich eben neue Geflechte im Gehirn herstellen. Darum ist eine Psychotherapie, neben der allseits bekannten medikamentösen Therapie, von größter Wichtigkeit!

Wer zählt zu der Risikogruppe?

Grundsätzlich ist kein Mensch davor gefeit, an Depressionen zu erkranken. Trotzdem gibt es Menschen, die eher dazu neigen, eine Depression zu entwickeln. Hier spielen ganz verschiedene Faktoren eine Rolle. So sind Menschen, die Drogen oder vermehrt Alkohol konsumieren, eher davon betroffen, an einer Depression zu erkranken, als Menschen, die diesem destruktiven Verhalten nicht nachgehen. Natürlich spielen aber auch die Gene eine tragende Rolle. Wenn bei Ihnen in der Familie bereits einmal Depressionen aufgetreten sind, so zählen Sie ebenfalls zu der Risikogruppe. Auf die Gene möchte ich aber noch einmal gesondert eingehen.

Auch ältere Menschen, die sehr viel Zeit mit sich selbst verbringen, ohne oder mit nur sehr wenigen sozialen Kontakten, zählen ebenfalls zu der Risikogruppe. Ähnliches gilt auch für junge Menschen. Allerdings kommt bei ihnen noch der soziale und psychische Stress hinzu, der eine Depression begünstigen kann. Natürlich besteht auch ein erhöhtes Risiko für jene, an Depressionen zu erkranken, die bereits einmal Depressionen gehabt haben. Auch organische Gründe, beispielsweise eine Schilddrüsenfunktionsstörung, kann eine Depression begünstigen. Übrigens wird heute geschätzt, dass etwa 20 - 25 % der Frauen und 7 - 12 % der Männer an Depressionen erkranken. Die vermutliche Dunkelziffer dürfte aber höher liegen.

Und da wir gerade bei den Zahlen sind, möchte ich Ihnen im Anschluss die Depression in Zahlen und Fakten vorstellen.

Depressionen in Zahlen und Fakten

Dass die Depressionen eine ernstzunehmende Erkrankung darstellen, ist längst kein Geheimnis mehr. Oft aber wird sie nicht wahrgenommen, nicht akzeptiert, sieht man bei den Betroffenen doch kein Gips, keinen Verband und keine Schürfwunden, an denen man das Leid festmachen könnte. Dabei sprechen Statistiken ihre ganz eigene, teilweise erschreckende Sprache! Die Psychotherapeutenkammer NRW hat hierzu viele Zahlen und Fakten veröffentlicht, die das Leid und auch die Ernsthaftigkeit einer Depression verdeutlichen!

In etwa vier Millionen Menschen oder 8,3 % der deutschen Bevölkerung sind an Depressionen erkrankt. Das Risiko, mindestens einmal im Leben an Depressionen zu erkranken, liegt dabei aber deutlich höher. So liegen Europa und die USA mit 16 bis 20 % in einem recht hohen Risikobereich. Hat es einen erwischt und lässt man sich daraufhin nicht behandeln, dauert eine depressive Episode in etwa zwischen sechs und acht Monaten, wobei die Hälfte der erkrankten Menschen eine weitere Episode der Depressionen durchleben muss. Das Rückfallrisiko steigt nach der zweiten Episode auf 70 %. Jene, die gar ein drittes Mal an Depressionen erkrankten, haben ein Rückfallrisiko von über 90 %. Interessanterweise gehen Depressionen zu 60 % Hand in Hand mit anderen psychischen Erkrankungen. Hier wären stellvertretend die Sucht, Angststörungen, Herz-Kreislauf-Erkrankungen, aber auch Migräne oder Diabetes mellitus zu nennen. Die Liste möglicher weiterer Krankheiten ist sehr lang.

Schwerwiegender wird es dabei, wenn man sich die Suizidrate genauer betrachtet. Jeder zwölfte Patient neigt nämlich zu einem Suizidversuch oder stirbt durch den Freitod! Eine enorm hohe Rate!

Nun würde ein jeder Mensch sagen, da muss doch etwas geschehen! Und tatsächlich – es ist nicht so, dass Betroffene nicht zum Arzt gehen würden. Die meisten an Depressionen erkrankten Menschen suchen früher oder später ihren Hausarzt auf. Das Problem dabei ist, dass etwa 53 % aller an Depressionen erkrankten Menschen nicht über die Behandlung des Hausarztes hinauskommen. Nur 7 % der Betroffenen wurde eine psychotherapeutische Hilfestellung zuteil, 4 % hingegen konnten von einer Kombination der Behandlung durch ihren Hausarzt und einer Psychotherapie profitieren. Doch darf man den Ärzten alleine keine Schuld geben. Die Problematik liegt in der Diagnostik. Je ausgeprägter und schwerer die Depression, umso genauer lässt sie sich auch diagnostizieren. So wird in 80 % der Fälle eine Depression erst im Stadium der schweren Depression festgestellt!

Depressionen erkennen

Depressionen frühzeitig erkennen und somit die Heilungschancen erheblich steigern, das ist es, worauf es ankommt. Nun haben Sie bereits die Risikogruppen kennengelernt, jene Menschen, bei denen die Wahrscheinlichkeit erhöht ist, an Depressionen zu erkranken. Diese Menschen sollten genau auf ihre Stimmung und Verfassung achten! Doch nicht nur Menschen aus dem Kreis der Risikogruppe kann es eiskalt erwischen.

Depressionen entstehen im Gehirn durch ein Ungleichgewicht der Botenstoffe, welche die Reize übertragen. Und so ist es kein Wunder, dass dieses Ungleichgewicht so ziemlich jeden Menschen treffen kann. Damit Sie eine Depression schon früh erkennen können, sollten Sie die Ursachen dafür wissen. Sicherlich, gegen die Gene sind Sie machtlos, und trotzdem möchte ich Ihnen an dieser Stelle schon einmal eine gute Nachricht vorausschicken: Es gibt kein Gen, das man verantwortlich für den Ausbruch einer Depression machen könnte! Wie die einzelnen Ursachen aber dazu führen, dass ein Mensch eine Depression erleiden kann, soll in diesem Kapitel erklärt werden.

Doch nicht nur die Ursachen sollen Teil dieses Kapitels sein. Ebenso schauen wir uns die Resilienz und auch Schlafstörungen einmal genauer an. Schwangere gehören ebenfalls zu der Risikogruppe, an Depressionen zu erkranken, und aus diesem Grund werden wir auch über diesen Personenkreis sprechen.

Wenn Sie die Depressionen erkennen möchten, dann ist es natürlich gut, die Ursachen zu kennen. Doch allein die Ursachen machen noch keine Depression aus, und so ist es nur logisch, dass ich Ihnen auch die Symptome einer Depression vorstellen möchte. Der Zusammenhang zwischen Ursache und Symptomen ist bei der Identifizierung einer Depression besonders wichtig! Auch dieses Kapitel hält wieder viele interessante und wissenswerte Fakten für Sie bereit. Aus diesem Grund möchte ich nun auch mit Ihnen in den ersten Teil, die Ursachen, abtauchen und diese gemeinsam mit Ihnen erforschen.

Ursachen

Wir beschäftigen uns als Erstes mit den Ursachen einer Depression. Die Ursachenforschung ist in jedem Fall von großer Bedeutung, da hier doch der Ursprung allen Übels liegt. Nicht immer sind die Ursachen für Betroffene aber auf den ersten Blick eindeutig. Doch bevor wir uns in dieses Thema vertiefen, beginnen wir ganz am Anfang.

Sie wissen, dass der Depression eine Ursache zugrunde liegt. Es wird nun in zwei Kategorien unterschieden. Zum einen gibt es den *psychosozialen Aspekt* und dem gegenüber steht der *neurobiologische Aspekt*. In diese beiden Kategorien lassen sich alle Ursachen aufteilen. Allerdings müssen Sie an dieser Stelle das Schubladendenken beiseiteschieben. Es verhält sich hier nicht so, dass es nur eine Ursache gibt! Tatsächlich liegen meist mehrere Ursachen vor, die gemeinsam behandelt werden müssen. Es gibt demnach also eine Interaktion zwischen den beiden Kategorien. Eine Depression ist daher nicht rein körperlich (neurobiologisch) oder rein psychosozial, sondern es müssen immer beide Seiten untersucht und behandelt werden! An dieser Stelle möchte ich anmerken, dass die Depressionen zwar zu den psychischen Erkrankungen zählen, doch sind sie eben auch eindeutig körperlich. Denken Sie hierzu bitte an den Fährverkehr aus dem vorangegangenen Kapitel. Es gibt also keine reine Aufteilung oder Klassifizierung, frei nach dem Motto *entweder oder*!

Wie sehen die Kategorien nun aber im Detail aus? Dies möchte ich Ihnen anhand dieser Tabelle einmal verdeutlichen!

	Psychosozial	Neurobiologisch
Erhöhte Anfälligkeit	Beispielsweise ausgelöst durch ein Trauma oder ein traumatisches Erlebnis	Beispielsweise durch die Gene, hier kommt die Vererbung ins Spiel
Auslöser	Sowohl positiv als auch negativ. Beispielsweise durch den Tod eines nahestehenden Menschen, Stress, aber auch Hochzeit oder eine Urlaubsreise	Hier ist beispielsweise eine Veränderung der Stresshormonachse, es wird dauerhaft Adrenalin, Noradrenalin und Cortisol ausgeschüttet
Zustand	Oftmals freudlos und hoffnungslos	Hier lässt sich beispielsweise ein Ungleichgewicht nachweisen, welches sich auf die Botenstoffe bestimmter Hirnregionen bezieht
Therapie	Psychotherapie	Therapie basierend auf Medikamenten

(Quelle: https://www.deutsche-depressionshilfe.de/depression-infos-und-hilfe/ursachen-und-ausloeser, Stand Februar 2020)

Interessant ist aber ebenfalls das Alter. Ob das als Ursache stehen bleiben kann, ist fraglich. Allerdings weiß man, dass Frauen im Alter von 50 bis 70 Jahren und Männer im Alter von 50 bis 60 Jahren am häufigsten an Depressionen erkranken. Dies wird besonders deutlich, wenn Sie sich die Tabelle der jährlich an Depressionen erkrankenden Erwachsenen ansehen[1]

Alter	Frauen, die an Depressionen leiden	Männer, die an Depressionen leiden
18 bis 29 Jahre	5 von 100 Frauen	2 von 100 Männern
30 bis 39 Jahre	7 von 100 Frauen	3 von 100 Männern
40 bis 49 Jahre	9 von 100 Frauen	4 von 100 Männern
50 bis 59 Jahre	11 von 100 Frauen	6 von 100 Männern
60 bis 69 Jahre	11 von 100 Frauen	5 von 100 Männern
70 bis 79 Jahre	6 von 100 Frauen	3 von 100 Männern

Im Anschluss wollen wir uns aber die einzelnen Ursachen einmal etwas genauer ansehen.

---

[1] Busch, MA, Maske UE, Ryl L, Schlack R, Hapke U, Prävalenz von depressiver Symptomatik und diagnostizierter Depression bei Erwachsenen in Deutschland. Bundesgesundheitsblatt – Gesundheitsforschung – Gesundheitsschutz. 2013; 56(5):733-9

Die Gene

Dass die Gene eine Rolle spielen, ist heute unbestritten. Man fand heraus, dass die Depression familiär gehäuft auftritt. Wenn Ihre Eltern an einer Depression erkrankt sind, demnach also Verwandte ersten Grades, dann liegt die Wahrscheinlichkeit, dass auch Sie an Depressionen erkranken bei 15 %. Die Gene geben einen Aufschluss über die Wahrscheinlichkeit, doch nichts ist in Stein gemeißelt! Darüber hinaus hatte ich Ihnen eingangs bereits beschrieben, dass es kein Gen gibt, dem man die Schuld in die Schuhe schieben könnte. Demnach handelt es sich um eine gewisse Genkonstellation, welche eine Rolle spielt. Wenn Sie eben jene Genkonstellation besitzen, bedeutet es aber auch noch lange nicht, dass Sie ebenfalls an Depressionen erkranken. Vielmehr müssen Sie es als ein Risikofaktor betrachten, der zu einer Depression führen kann, aber unter gar keinen Umständen muss es so kommen.

Umwelteinflüsse

Der Faktor Umwelt ist schon erheblich schwieriger auszumachen. Alles, was um Sie herum geschieht, was Sie bewusst und unbewusst wahrnehmen, wie Sie Ihre Umwelt erleben – all das gehört zu den Umwelteinflüssen. Sie können sich an dieser Stelle vorstellen, welch großes Gebiet hierdurch abgedeckt werden muss! Zu den Umweltfaktoren zählen eben auch viele individuelle Erlebnisse und Ereignisse, welche Sie subjektiv wahrnehmen. Angefangen bei Ihrer Kindheit (Wie sind Sie aufgewachsen, in welchem Umfeld usw.?) bis hin zu Ihrem sozialen Leben, über die berufliche Situation – all das sind Umwelteinflüsse, welche Sie prägen und die Entstehung einer Depression begünstigen. Besonders die Suche nach Umwelteinflüssen als Ursache einer Depression gleicht der Suche nach der Nadel im Heuhaufen! Hier ist nicht nur ein langer Atem gefragt, sondern auch ganz viel Ursachenforschung. An dieser Stelle ist es eben auch kein Wunder, dass Psychologen ganze Arbeit leisten, wenn Sie sich gemeinsam mit dem Patienten auf eben jene Reise begeben und die Umwelteinflüsse genauer unter die Lupe nehmen zu können. Halten wir an dieser Stelle also fest: Umwelteinflüsse sind all jene Bereiche, die einen Einfluss von außen auf unser Leben nehmen und somit die Entstehung einer Depression begünstigen können.

Stressfaktoren

Stress ist in der heutigen Zeit kaum noch aus unserem Alltag wegzudenken. Stress gibt es überall: im Beruf, im Privatleben, in der Beziehung, bei den Hobbys – diese Liste ließe sich noch eine ganze Weile weiterführen. Stress ist grundsätzlich kein Problem, zumindest kurzzeitig. Anders liegt der Fall aber, wenn Sie in eine dauerhafte, auch chronische Stresssituation geraten. Hier wird es gefährlich, und nun kommt auch wieder die Stresshormonachse ins Spiel. Wenn Sie sowieso schon durch die Gene ein gewisses Risiko in sich tragen, dann kann Stress durchaus eine Depression ausbrechen lassen. Die Gene bestimmen also mit über den Hormonhaushalt im Gehirn. Wenn dieser gestört ist, kann es zu einer Veränderung der Stresshormonachse kommen. Nun werden immerzu die Hormone Adrenalin, Noradrenalin und Cortisol ausgeschüttet. Die Folge, die daraus resultiert, ist, dass Sie nicht mehr zur Ruhe kommen können. Ein Teufelskreis beginnt, wenn Sie es so wollen. Dauerhafter Stress führt zu einer gesteigerten Reizübertragung. Da allerdings die Botenstoffe im Gehirn im Ungleichgewicht sind, werden die Reize nicht oder nicht richtig übermittelt, was wiederum die Stresshormonachse beeinflusst. Diese schüttet dann noch mehr Adrenalin, Noradrenalin und Cortisol aus, und der Kreislauf beginnt von vorne!

Stress ist also ebenfalls eine Ursache, die Depressionen begünstigen kann. An dieser Stelle ist aber auch zu erwähnen, dass Stress die Therapie erschweren kann. Allerdings muss hier noch einmal unterteilt werden. Ein stressfreies Leben gibt es nicht. Kurzzeitig gehört Stress zum Leben einfach dazu. Die Kunst ist es aber, diesen Stress hinter sich zu lassen. Aus diesem Grund möchte ich an dieser Stelle unbedingt erwähnen, dass nur permanenter, chronischer Stress zu Problemen führt. In der Regel ist kurzzeitiger Stress kein Problem und ist bestenfalls als der Tropfen zu bezeichnen, der das Fass zum Überlaufen bringt.

Zumindest dann, wenn noch keine Depression besteht. Besteht bereits eine Depression, dann muss der Betroffene dringend eine Stressbewältigung erlernen und sich natürlich von permanentem Stress fernhalten. Das lässt sich recht einfach schreiben, dahinter steckt aber eine sehr anstrengende Lernphase, in der der Betroffene sein Leben vollständig überdenken und stressgeladene Situationen unbedingt vermeiden muss. Doch geht es hier nicht um Stress und Depressionen, denn noch sind wir bei den Ursachen.

Es lässt sich also Folgendes festhalten: Permanenter oder auch chronischer Stress begünstigt die Depression erheblich. Besonders kritisch wird es dann, wenn die Gene bereits eine Art Vorarbeit leisten und ein gewisses Ungleichgewicht der Botenstoffe im Gehirn bereits gegeben ist. Kurzzeitiger Stress hingegen löst keine Depression aus, kann aber das Fass zum Überlaufen bringen.

Trauma

Ein Trauma stellt eine ganz besondere Ursache einer Depression dar. Hier wird es zudem noch einmal komplex. Ein Trauma ist eine Situation, die das Gehirn nicht verarbeiten kann. Es gleicht am ehesten einer Überforderung, auf welche das Gehirn mit den sogenannten psychischen Schutzmechanismen reagiert. Ein Trauma kann auf vielerlei Weise erlebt werden. Körperliche oder seelische Gewalterfahrungen, Unfälle, schwerste Erkrankungen, Verlust und auch Vernachlässigung können Ursache eines Traumas darstellen. Ein Trauma wirkt sich immer sowohl psychisch als auch körperlich aus. Doch was passiert genau?

Sie erleben beispielsweise mit, wie jemand vor Ihren Augen bei einem Autounfall ums Leben kommt. Diese Erlebnisse, Eindrücke und Emotionen können dabei so heftig sein, dass es zu einer Art Überlastung im Gehirn kommt. Es ist ein wenig so, als würde eine alte Glühbirne durchbrennen. Da das Gehirn sich aber schützen möchte, greifen die sogenannten Schutzmechanismen. Das Erlebte wird nicht selten unterbewusst, für Sie also nicht zugänglich, gemacht.

Es kommt daher zu sogenannten Gedächtnislücken. Besonders traumatische Erlebnisse in der Kindheit sind hiervon betroffen. Nun bedeutet das aber nicht, dass das Trauma auch gleichzeitig verschwunden ist. Schön wäre es, würde es dann keinerlei Auswirkungen auf Sie haben. Doch so ist es nicht. Und so schlummern die tiefgreifenden Erlebnisse, Erinnerungen und Emotionen in den tiefen Weiten Ihres Gehirns und brechen so dann und wann einmal hervor. Sie können sich seelisch, aber auch körperlich äußern.

Das Gehirn kann das Erlebte nach wie vor nicht verarbeiten, dabei ist dieser Punkt besonders wichtig. Problematisch ist hier allerdings: Ein Trauma ist in der Regel unbewusst und muss durch gezielte psychotherapeutische Maßnahmen erst wieder bewusstgemacht werden, um verarbeitet werden zu können. Und genau hier liegt die Gefahr. Sie wissen, dass etwas nicht stimmt und Ihre Reaktionen und Gefühle viel zu intensiv und heftig sind. Bleiben wir hierzu bei dem Beispiel des Unfalles.

Sie können beispielsweise Herzrasen, Panik, schwitzige Hände und enorme Angst bekommen, sobald ein Auto zu nah an Ihrem Auto vorbeifährt, ohne, dass Ihnen der Grund für dieses Verhalten einleuchtet. Traumatische Erlebnisse sind also sehr schwer zu identifizieren und demnach auch zu behandeln. Nun kann sich daraus aber eine Depression entwickeln. Es ist nur plausibel, dass eine Reizüberflutung im Kopf nicht spurlos an den Botenstoffen vorüberzieht. Ein Ungleichgewicht kann hierdurch entstehen, welches dann im Laufe der Zeit eine Depression auslöst.

Zusammengefasst bedeutet das: Ein Trauma kann bei fehlender professioneller Verarbeitung eine Depression auslösen.

Biochemische Veränderungen im Gehirn

Die biochemischen Veränderungen können eine Depression mitunter begünstigen und auslösen. Hier spielen vor allem die Hormone Serotonin und Noradrenalin eine wesentliche Rolle. Sie sind für eine positive Stimmung verantwortlich und beeinflussen diese. Kommt es hier zu einem Ungleichgewicht, steigt die Ausschüttung des Hormons Cortisol (Stresshormon) erheblich an und ist im Blut sowie Urin nachweisbar. Allerdings ist nach wie vor unklar, ob das biochemische Gleichgewicht (Ungleichgewicht?) die Ursache oder die Folge einer Depression darstellt. Es gleicht ein wenig der Frage, was zuerst da war: die Henne oder das Ei?

Fakt ist aber, dass biochemische Veränderungen mit Depressionen in einem Zusammenhang stehen. Es bleibt nun also abzuwarten, welche neuen wissenschaftlichen Ergebnisse hierzu in den nächsten Jahren präsentiert werden können.

Resilienz

Die Resilienz, auch Widerstandskraft genannt, spielt ebenfalls eine wesentliche Rolle, wenn es um Depressionen geht. Resiliente Menschen erkranken weniger oft an Depressionen als jene Menschen, deren Resilienz weniger ausgeprägt ist.

Was hat es mit der Resilienz auf sich? Die Resilienz ist auch bekannt unter der psychischen Widerstandskraft. Hier sind alle Faktoren gemeint, die resilienten Menschen ein gutes Krisenmanagement sowie eine gute Stressbewältigung mit auf den Weg geben. Besondere Faktoren, beispielsweise Selbstbewusstsein und Selbstvertrauen, aber auch das Wissen über eigene Stärken und Schwächen sowie das Vertrauen in eigene Fertigkeiten und Fähigkeiten sind das Aushängeschild der Resilienz. Resilienz ist nicht angeboren, sondern muss im Laufe des Lebens erlernt werden. Das bedeutet im Umkehrschluss, dass ein jeder Resilienz erlernen kann. Menschen, die weniger resilient sind, sind anfälliger für psychische Erkrankungen, zu denen eben auch die Depression zählt. Daher ist nicht die Resilienz, sondern die mangelnde Resilienz mitunter als Ursache bei den Depressionen anzuführen.

Schlafstörung

Ähnlich, wie es auch bei den biochemischen Veränderungen ist, liegt der Fall auch bei den Schlafstörungen. Schlafstörungen können sowohl als Ursache wie auch als Symptom beschrieben werden. Doch der Reihe nach. Unter Schlafstörungen zählen zunächst einmal gestörte Schlafphasen, aber eben auch die allseits bekannten Ein- und Durchschlafstörungen, zu denen auch ein zu frühes Erwachen und bleierne Müdigkeit am Tag zählen. Schlafstörungen sind nicht nur ein Symptom der Depression, sondern sie können auch durchaus als Ursache gelten. Durch einen chronischen Schlafmangel geraten die Botenstoffe im Gehirn durcheinander, was dann wiederum zur Folge hat, dass dieses Ungleichgewicht eine Depression begünstigt. Nicht immer müssen aus Schlafstörungen gleich handfeste Depressionen werden. Auch depressive Verstimmungen können hierdurch verursacht werden. Verantwortlich für beide Fälle ist das Hormon Serotonin, welches den Schlaf reguliert.

Sie kennen die Frage nach der Henne und dem Ei bereits, deswegen möchte ich mich an dieser Stelle nicht noch einmal wiederholen.

Schwangerschaft

Innerhalb der Schwangerschaft geht vieles im weiblichen Körper vor sich. Es ist eine Meisterleistung, neues Leben zu erschaffen und auszutragen. In keiner anderen Zeit sind so viele Hormone im weiblichen Körper aktiv wie in der Schwangerschaft. Allerdings kann die hormonelle Situation im Körper einer Schwangeren eine Depression auslösen. Etwa 12 von 100 Schwangeren erleiden die sogenannte Schwangerschaftsdepression, die sich auch bis nach der Geburt hinziehen kann. In den meisten Fällen ist ein Ende der Depression nach der Geburt in Sicht.

Ist eine Schwangerschaft die Ursache für eine Depression, so lässt es sich auf den hormonellen Umbruch zurückführen, der während der Schwangerschaft und auch noch nach der Geburt durchlebt wird. In manchen Fällen kann sich die Depression aber auch festsetzen und zieht sich nicht binnen weniger Wochen nach der Geburt von selbst zurück. Als gute Strategie hat sich bei einer Schwangerschaftsdepression die Psychotherapie, in schweren Fällen auch die Behandlung mit Antidepressiva erwiesen.

Symptome

Etwa zwölf Menschen von 100 erleiden in ihrem Leben einmal eine Depression. [2] Bei Kindern und Jugendlichen[3] sind es sogar elf von 100 unter 18-Jährigen, die es mit einer Depression zu tun bekommen. Da bleibt die Frage aber, woran Sie die Depression erkennen können. Und genau hier kommen nun die Symptome ins Spiel.

Die drei Hauptsymptome einer Depression sowie die sieben Nebensymptome haben Sie bereits kennengelernt. Neben diesen Symptomen kommt es aber noch zu einer Reihe weiterer psychischer, aber auch körperlicher Symptome, die während der Depression von Betroffenen erlebt werden. Die Intensität und auch die Vielfalt der Symptome ist dabei aber recht verschieden und variiert daher von Mensch zu Mensch. Natürlich hängen die Symptome auch vom Schweregrad der Depression ab. In den meisten Fällen werden die Symptome ausgeprägter und steigen in der Intensität, je weiter eine Depression voranschreitet. Allerdings bestätigen Ausnahmen auch hier die Regel, wenngleich diese sehr selten sind.

Nun wissen Sie bereits, dass eine gedrückte Stimmung, eine innere Leere und Antriebslosigkeit zu den klassischen Symptomen einer Depression zählen. Darüber hinaus kommen noch Selbstzweifel, Schuldgefühle, Probleme mit der Konzentration und Aufmerksamkeit, Schlafstörungen, Unruhe

---

2 Studie „Gesundheit in Deutschland aktuell" (GEDA) 2014/2015
3 BELLA-Studie, Befragung zum seelischen Wohlbefinden und Verhalten von Kindern und Jugendlichen, 2009 bis 2012

und der Verlust des sexuellen Interesses und Bedürfnis hinzu. Auch körperlich kann sich die Depression äußern. So klagen Betroffene nicht selten über unspezifische Bauch- oder auch Kopfschmerzen. Die Liste der individuellen Symptome ist lang und sehr verschieden. Doch zurück zu den Symptomen, an denen Sie eine Depression erkennen können. Um Ihnen das zu verdeutlichen, habe ich die Symptome nochmals klassisch aufgelistet:

Haupt-symptom	- Niedergeschlagenheit - Interessenverlust - Antriebslosigkeit

Neben diesen Hauptsymptomen gibt es noch sieben weitere, sogenannte Nebensymptome:

Neben-symptom	- Konzentrationsschwierigkeiten/Probleme mit der Aufmerksamkeit - Schwindendes Selbstwertgefühl/mangelndes Selbstvertrauen - Schuldgefühle, aber auch das Gefühl, nichts mehr wert zu sein - Negative und düstere Zukunftsaussichten - Selbstmordgedanken und Selbstmordabsichten, darunter zählt auch Selbstverletzung - Schlafprobleme, Ein- und Durchschlafstörungen - Gewichtsverlust oder Gewichtszunahme ohne eine Absicht der Person

Doch nicht nur die drei Hauptsymptome und die Nebensymptome lassen auf eine Depression schließen. So gibt es eine Liste an Symptomen, welche die ersten Anzeichen einer Depression verdeutlichen. Hier ist sehr viel Feingefühl von Seiten der Medizin gefragt, denn diese Symptome können ebenso für andere Krankheiten stehen. Zu den frühen Symptomen zählen:

Frühe Symptome	- Unspezifische Schmerzen, beispielsweise Kopfschmerzen oder Bauchschmerzen - Eine langanhaltende und bleierne Müdigkeit, Erschöpfung oder ein gravierender Energiemangel - Das sexuelle Interesse kommt fast vollständig zum Erliegen - Apathie und eine zunehmend gesteigerte Lustlosigkeit - Gedrückte und niedergeschlagene Stimmung - Probleme mit dem Schlafen: Einschlaf- und Durchschlafstörungen - Verlust des Appetits oder auch gesteigerter Appetit

Wie Sie bereits zu Beginn des Kapitels erfahren haben, erkranken im Alter mehr Menschen an Depressionen. Allerdings äußern sich die Symptome im Alter ein wenig anders beziehungsweise es treten zu den bereits genannten Krankheitszeichen noch weitere Anhaltspunkte auf:

Weitere Symptome	- Sehr stark ausgeprägte Müdigkeit und / oder Erschöpfung, auch Fatigue genannt - Starker Gewichtsverlust - Körperliche Schmerzen - Nicht einzuordnende medizinische Symptome - Probleme mit dem Gedächtnis - Rückzug aus der sozialen Welt - Absolute Verweigerung der Flüssigkeitszufuhr und Nahrungsaufnahme – auch Medikamente können verweigert werden - Konflikte bezüglich der eigenen Versorgung, nicht mehr in der Lage, sich selbst zu versorgen - Vermehrter bis extremer Gebrauch von Alkohol und Beruhigungsmitteln

Nun haben wir zwei Personenkreise bisher nicht berücksichtigt. Ich spreche hiermit die Männer, aber auch Kinder an. Die Symptomatik kann sich bei ihnen gegensätzlich äußern und bedarf daher zwei gesonderter Kapitel. Darum möchte ich Ihnen nun als Erstes die Symptome der Männer bezüglich der Depression aufzeigen.

Achtung! Männer haben oftmals andere Symptome

Man hört es selten, doch hier und da klingt etwas durch: Ein Mann ist an einer Depression erkrankt. Warum die Depressionen häufiger Frauen betreffen, dafür gibt es verschiedene Ansätze. Zum einen wird die These aufgestellt, dass Männer mit dem Verdacht einer Depression seltener einen Arzt aufsuchen und die Situation lieber mit sich selbst ausmachen. Zum anderen sind die Symptome der Depression bei einem Mann anders gelagert, als es bei den klassischen Symptomen, die Sie bereits kennengelernt haben, der Fall ist. Daraus ergibt sich, dass manche Ärzte nicht in der Lage sind, die Diagnose bei einem Mann richtig zu stellen – die Depression bleibt also unerkannt.

Doch wo liegen nun die Unterschiede? Männer leiden unter anderen Symptomen einer Depression, als es bei Frauen der Fall ist. Das bedeutet nicht, dass die drei Hauptsymptome dabei ignoriert werden können. Diese treten bei Männern und Frauen gleichermaßen auf. Allerdings beginnt dann auch schon eine Unterteilung. In der Medizin ist heute bekannt, dass bei vielen Männern Depressionen und Aggressionen eng miteinander verknüpft sind. Das bedeutet nicht, dass jeder Mann, der an Depressionen erkrankt, auch automatisch aggressiv ist.

Doch diese Verbindung ist signifikant. So spielen die Gefühle Ärger und Unbehagen eine große Rolle. Depressive Männer reagieren in Situationen, in denen beide Gefühlslagen eine Rolle spielen, nicht selten sehr gereizt und aggressiv – kurzum: Viele Männer reagieren über. Das ist im Anschluss mit massiven Schuldgefühlen verbunden.

Dabei kann man hier schon das erste Anzeichen einer Depression bei Männern ablesen: gereizte Stimmung und Überreaktion. Manche Männer berichten ebenfalls von wahren Ärger-Wellen, welche sie überkommen. Und diese äußern sich nicht nur psychisch, sondern vor allem körperlich: hochroter Kopf, Schwitzen, beschleunigter Herzschlag, Schwindel und Zittern.

Aus diesen körperlichen und psychischen Symptomen ergibt sich natürlich eine ganz neue Sorge, nämlich die Angst vor dem völligen Kontrollverlust.

Symptome	<ul><li>Ärger und Unbehagen</li><li>Übertriebenes, aggressives Reagieren auf Kleinigkeiten</li><li>Schuldgefühle</li><li>Wellen des Ärgers manifestieren sich körperlich: hochroter Kopf, Schwitzen, beschleunigter Herzschlag, Schwindel und Zittern</li><li>Kontrollverlust und die Sorge davor</li><li>Reizbarkeit</li><li>Verlust der Kontrolle von Impulsen (schnelles Aufbrausen und Überreagieren)</li><li>Regelrechte Wutanfälle und Wellen des Zorns, die nicht beherrscht werden können</li><li>Oftmals sind Männer mit Depressionen nachtragend und erheben schnell und viele Vorwürfe</li><li>Stressintoleranz</li><li>Gesteigerte bis extreme Risikobereitschaft</li><li>Sozial auffälliges Verhalten</li><li>Neigung zu Straftaten</li></ul>

- Vermehrter Konsum von Drogen, Alkohol, Medikamenten und anderen Suchtmitteln
- Unzufriedenheit in sämtlichen Lebensbereichen
- Stetige Angst zu versagen
- Schuldgefühle

Diese genannten Symptome können, müssen aber nicht, zusätzlich zu den genannten Symptomen der Depression bei Männern eine wesentliche Rolle spielen. Sie stehen oftmals dem klassischen Gedanken an eine Depression entgegen, gehen doch immer noch viele Menschen davon aus, dass depressive Menschen teilnahmslos den ganzen Tag in der Ecke sitzen. Sollten Sie bei sich oder einem Angehörigen solche Symptome in Kombination mit den klassischen Symptomen bemerken, sollten Sie unbedingt einen Arzt konsultieren oder als Angehöriger das Gespräch mit der vermutlich betroffenen Person suchen.

Depressionen bei Kindern

Depressionen bei Kindern und Jugendlichen zu erkennen und die Symptome richtig zu deuten, erweist sich als besonders schwierig. Das liegt nicht daran, dass die Symptome und das Verhalten nicht zu erkennen wären. Vielmehr sind diese von der Kindes- und Jugendentwicklung, der sogenannten Adoleszenz, nicht eindeutig zu unterscheiden. Diese Problematik betrifft häufig das Umfeld, in den meisten Fällen die Eltern, die bei einer Erkennung reagieren sollten.

Doch woher wissen die Menschen aus dem Umfeld, welche Auswirkungen zu einer Depression und welche zu der Adoleszenz und Pubertät gehören, wenn selbst Mediziner das nicht eindeutig ausmachen können?

Depressionen bei Kindern und Jugendlichen äußern sich nicht selten völlig verschieden voneinander. So kann man hier nicht alle Symptome und Auffälligkeiten in einen Topf werfen. Eine Unterscheidung der verschiedenen Altersklassen ist laut der Deutschen Depressionshilfe sinnig, da sich die Symptome hier deutlich unterscheiden. Es wird im folgenden Verlauf also zwischen Kleinkindern (1-3 Jahre), Vorschulkindern (4-6 Jahre), Schulkindern (6-12 Jahre) sowie Jugendlichen (13-18 Jahre) unterschieden. Auch hier müssen Sie die folgenden Symptome ergänzend zu den anderen Symptomen verstehen.

Kleinkind	- Intensives und häufiges Weinen - Ausdrucksloses Gesicht - Vermehrt reizbar - Klammern an Bezugspersonen - Starkes Lutschen am Daumen - Wiegen und schaukeln des eigenen Körpers - Kein Interesse, an etwas teilzunehmen - Kein Interesse am Spielen oder aber signifikantes Spielverhalten - Probleme beim Essen, zu viel oder zu wenig Appetit - Schlafprobleme und -auffälligkeiten, Einschlaf- und Durchschlafprobleme

Vorschulkind	- Gedrückter und trauriger Ausdruck im Gesicht - Reduzierte Mimik und Gestik - Instabil in der Stimmung - Häufig ängstlich - Kind kann sich nicht freuen - Zeigt kein Teilnahmeinteresse, zieht sich in sich selbst zurück - Mangelndes Interesse an Bewegung - Aggressives oder verwehrendes Verhalten - Innere Anspannung und Unruhe - Schlafprobleme und -auffälligkeiten, Einschlaf- und Durchschlafprobleme - Essstörungen, zu viel oder zu wenig Appetit
Schulkind	- Äußerungen über Trauergefühle und Traurigkeit - Schwierigkeiten bei der Konzentration - Gedächtnisprobleme - Probleme mit den Schulleistungen - Angst und Zukunftsängste - Schuldgefühle und starke Selbstkritik - Verlangsamte Bewegungen - In sich selbst zurückgezogenes Verhalten - Verlust des Hungergefühls - Ein- sowie Durchschlafstörungen - Suizidgedanken und -äußerungen (nicht ausschließlich verbal, auch oft in Bildern oder beim Spielverhalten zu beobachten)

Jugendliche	- Geringes Selbstvertrauen und vermehrte Selbstzweifel - Angst - Lustlosigkeit - Schwierigkeiten bei der Konzentration - Stimmungsschwankungen und -auffälligkeiten - Leistungsprobleme - Vermehrter Eindruck, sozialen und emotionalen Anforderungen nicht zu genügen - Sozialer Rückzug und Isolation - Körperliche und psychosomatische Auffälligkeiten, beispielsweise Kopf- und Bauchschmerzen - Gewichtsverlust oder -zunahme - Ein- und Durchschlafprobleme - Suizidgedanken, -äußerungen und Suizidversuche

Abschließend

Wie Sie anhand der verschiedenen Einteilungen in Alters- und Geschlechtsgruppen feststellen konnten, ist eine Depression nicht immer eindeutig zu erkennen. Die Unterschiede sind weitreichend und nicht selten völlig gegensätzlich.

Oftmals sind von Depressionen Betroffene darauf angewiesen, dass das Umfeld mit reagiert, denn nicht selten wissen Erkrankte, dass dahinter eine Depression steckt. Gerne werden die Symptome auf beruflichen oder schulischen Stress abgewälzt, im Alter wird auch oft angenommen, dass es sich um alterstypische Veränderungen handle.

Dabei entpuppen sich diese falschen Annahmen nicht selten als der Beginn eines langen und schwerwiegenden Leidensweges. Es ist also in diesem Fall besser, als Angehöriger sowie Betroffener einmal genauer hinzusehen, zu beobachten und zu handeln.

Die Vielfältigkeit der Krankheit

Wenn die Symptome schon so vielfältig und verschieden sind, wie wirkt es sich dann erst auf die verschiedenen Formen der Depression aus? Depressionen gehören nicht nur zu der häufigsten psychischen Erkrankung, sie haben ebenfalls ein vielfältiges Erscheinungsbild. Nach dem ICD-10-Schlüssel können Depressionen beurteilt und diagnostiziert werden. Doch diese fachspezifischen Feinheiten sind für Laien, Angehörige und Betroffene nicht selten sogenannte böhmische Dörfer. Es geht allerdings auch nicht darum, dass Sie die Depression in verschiedene Bereiche aufteilen, das ist schließlich die Aufgabe des Mediziners und nicht die Ihre. Doch schadet es nicht, dass Sie einen ersten groben Überblick über die Vielfältigkeit der Krankheit bekommen.

Warum ist das wichtig? Depressionen sind nicht gleich Depressionen. Viele verschiedene Formen und Symptome treffen hier unter dem Dachbegriff Depressionen zusammen. So gibt es depressive Stimmung, depressive Episoden, aber auch verschiedene depressive Störungen. Keine leichte Aufgabe, sich hier durchzufinden! Damit Sie aber einen ersten Überblick über die verschiedenen Arten der Depression bekommen, möchte ich Ihnen in diesem Kapitel die häufigsten Formen aufzeigen und erklären.

Differenzialdiagnostik

Alles beginnt natürlich mit einer Diagnose. Diese stellt der Mediziner. Sie kennen bereits die Symptome der Depression. Natürlich ist bei einem solchen Beschwerdebild der Fall klar oder etwa doch nicht? Ganz so einfach ist es eben nicht. Wenngleich eine Vermutung ziemlich schnell aufgestellt wurde, so bedeutet das noch lange nicht, dass es sich auch um die vermutete Diagnose handelt. Damit der Mediziner ganz sicher sein kann, dass es sich in diesem Fall um eine Depression handelt, stellt er die sogenannte Differenzialdiagnose. Hierbei handelt es sich um den Ausschluss von Erkrankungen, die eine sehr ähnliche, teils sogar gleiche Symptomatik aufweisen. Können diese Krankheiten also mittels der Differenzialdiagnose ausgeschlossen werden, dann bleibt nur eine mögliche Ursache für die Symptome über: eben die Depression.

Bei der weitreichenden Bandbreite der Depression ist eine Differenzialdiagnose besonders wichtig, da nur mit ihr die Depression genau bestimmt und behandelt werden kann. Hier gibt es drei Differenzialdiagnosen, die im Falle einer Depression ausgeschlossen werden müssen. Zum einen ist die Dysthymie und zum anderen die saisonale affektive Störung zu nennen. Nicht selten kommt aber auch, je nach Symptomen, die schizoaffektive Störung in Frage.

Jede Menge Fachbegriffe! Um Ihnen eine Reise durch medizinische Wörterbücher zu ersparen, möchte ich Ihnen nun kurz vorstellen, worum es sich bei den einzelnen Begrifflichkeiten handelt.

Dysthymie

Eine Dysthymie beschreibt eine leichte Form der Depression, ohne dass sie die Kriterien der Depression erfüllt. Denken Sie hierzu bitte an die drei Hauptsymptome und sieben Nebensymptome. Die Dysthymie wird auch als neurotische Depression bezeichnet und ist für Laien am ehesten mit einem dauerhaften Stimmungstief zu beschreiben. Sie bildet die erste Differenzialdiagnose zur Depression.

Saisonale affektive Störung

Vielleicht konnten Sie es aus dem Teil *Saisonal* bereits ableiten: Es geht um die sogenannte Winterdepression. Hierbei handelt es sich um das Auftreten depressiver Symptome ausschließlich zur Zeit des Herbstes und des Winters, wenn die Tage kürzer und die Nächte länger werden. Die saisonale affektive Störung bildet die zweite Differenzialdiagnose zur Depression.

Schizoaffektive Störung

Hier wird es wieder komplexer. Je nach Ausgangssymptomen, gehört die schizoaffektive Störung ebenfalls mit zu den Differenzialdiagnosen. Allerdings verhält es sich hier ein wenig anders. Im Zentrum steht hier, neben der Depression, auch die Schizophrenie. Diese ist gekennzeichnet durch Wahn(vorstellungen) und Halluzinationen. Diese können Hand in Hand mit manischen und / oder depressiven Phasen einhergehen.

Das Besondere an dieser Form: Unter Wahn lässt sich nicht nur die Halluzination verstehen. Medizinisch geht es einen Schritt weiter, sodass es unter anderem einen Verarmungswahn gibt, der eben die Depression beschreibt. Der Größenwahn hingegen steht klassisch für die Manie. Da Manie und Depression oftmals gemeinsam auftreten, können Sie sich sicher an dieser Stelle vorstellen, wie exakt und genau diese Differenzialdiagnose gestellt und angeführt werden muss. Wenngleich die hier aufgeführte Beschreibung der schizoaffektiven Störung sehr abgespeckt und vereinfacht dargestellt wurde, ist die Folge jedoch für Betroffene weitreichend.

Abschließend

Das Gebiet der Differenzialdiagnostik ist weit, und nicht umsonst sollte man sich selbst davor hüten, eigene Diagnosen anzustellen. Bei den drei vorgestellten Differenzialdiagnosen handelt es sich lediglich um die häufigsten Differenzialdiagnosen. Natürlich kommen, je nach Symptomen und Beschwerden, noch eine Vielzahl anderer Differenzialdiagnosen in Betracht. Es ist eben ein hochkomplexes Themengebiet, von dem Sie aber zumindest einmal gehört haben sollten!

Depressive Stimmung

Depressive Stimmungen treffen jeden Menschen einmal und sind nicht vergleichbar mit einer Depression. Zwar ist die depressive Stimmung oftmals durch einige Symptome der Depression gekennzeichnet, aber weder in der Intensität noch in der Ausprägung so intensiv, wie es bei der Depression der Fall ist. Daher wird nicht selten im allgemeinen Sprachgebrauch von depressiv gesprochen, obwohl diese Aussage absolut nicht zutrifft. Von Depressionen Betroffene werden hierbei oftmals übergangen, wird die eigentliche Krankheit durch den Alltagsgebrauch zum Leid der Erkrankten doch erheblich abgemildert und abgeschwächt.

Depressive Episode

Die depressive Episode beschreibt die Depression. Hier müssen mindestens zwei der drei Hauptsymptome und auch einige Nebensymptome über mindestens zwei Wochen konstant Bestand haben. Erst dann sprechen Mediziner von einer Depression beziehungsweise einer depressiven Episode.

Aus dieser depressiven Episode heraus können sich weitere Formen der Depression entwickeln. Grundsätzlich gilt bei den drei Hauptsymptomen und den Nebensymptomen aber: Je mehr Symptome zu erkennen sind, desto schwerer ist die Depression. Für die Prognose gilt: Je eher eine Depression erkannt wird, umso besser sind die Behandlungs- und Heilungschancen. Das bedeutet nicht, dass eine Depression unheilbar ist, sondern dass es immer schwieriger wird, diese dauerhaft zu therapieren. Doch dazu möchte ich Ihnen im Kapitel *Ein Weg aus den Depressionen* mehr erläutern.

Rezidivierende depressive Störung

Die rezidivierende depressive Störung beschreibt am ehesten eine immer wieder aufs Neue entfachende depressive Episode. Dabei folgt diese Form der Depression keinem zeitlichen Ablauf. Nach einer depressiven Episode folgen Monate, mitunter sogar Jahre, in denen der Betroffene frei von jeglicher Symptomatik ist. Doch dann kommen die Depressionen mit der nächsten depressiven Episode zurück.

Für an dieser Form leidende Menschen ist das unglaublich schwer zu akzeptieren und ihnen fehlt nicht selten die Fähigkeit, damit umgehen zu können. Das Immer-wieder-Aufflackern der depressiven Episoden schränkt die Menschen enorm in ihrem Leben, vor allem in der Lebensqualität ein. Nicht selten zieht es berufliche und soziale Konsequenzen nach sich. Entweder können solche Menschen ihren Beruf nur noch eingeschränkt ausüben, in manchen Fällen bedeutet es aber auch den Verlust des Berufs für immer – oder aber Partnerschaften und soziale Kontakte zerbrechen an dem Verlauf der Depressionen.

Je häufiger diese Form der Depression aufflackert und zurückkehrt, umso wahrscheinlicher ist es, dass sie erneut aufflackern wird. Schnelles, vor allem aber auch therapeutisch gezieltes Handeln ist hier von größter Wichtigkeit, um den betroffenen Menschen helfen zu können.

Anpassungsstörung

Wenn es um Depressionen geht, steht nicht selten die Frage im Raum, ob es sich dabei tatsächlich um Depressionen handelt oder ob nicht auch eine Anpassungsstörung in Frage kommt. Diese Differenzierung möchte ich Ihnen gerne genauer erläutern. Bei der Anpassungsstörung handelt es sich um dieselben Symptome wie bei einer Depression. Allerdings ist es keine Depression, sondern eine natürliche Reaktion auf ein Erlebnis. Oft ist dies der Fall, wenn ein geliebter Mensch verstirbt und auch bei Liebeskummer kann es zu einer Anpassungsstörung kommen. Die Symptome verschwinden in der Regel nach spätestens einem halben Jahr von selbst.

Allerdings sollte man sich nicht in Sicherheit wiegen und lieber einmal genauer hinschauen. Denn aus einer Anpassungsstörung kann sich im Laufe der Zeit durchaus eine Depression entwickeln.

Chronische Depressionen

Nicht immer muss eine Depression einen episodischen Verlauf einnehmen. Sie kann durchaus auch chronisch verlaufen. Hier gibt es aber einige Unterschiede in der Intensität und logischerweise auch im Verlauf. So verläuft eine episodische Depression in sogenannten Schüben, die sehr heftig und intensiv wahrgenommen werden. Eine chronische Depression hingegen verläuft ohne die Episoden, sie ist demnach also konstant und immer gegenwärtig. Allerdings sind die Symptome nicht in der Intensität und Heftigkeit vorzufinden, wie es bei der depressiven Episode der Fall ist. Das bedeutet aber keineswegs, dass die Betroffenen darunter weniger leiden.

Grundsätzlich lässt sich der Leidensdruck nicht vergleichen, verlaufen die beiden Formen der Depression doch sehr verschieden. Gekennzeichnet ist die chronische Depression von den klassischen Symptomen, die allerdings über mindestens zwei Jahre Bestand haben müssen. Oftmals ist das Problem bei dieser Form allerdings auch, dass die chronische Depression nicht diagnostiziert wird. Man mag es kaum glauben, doch selbst Betroffene wissen nicht, dass sie trotz der Symptome an einer Form der Depression leiden. Nicht selten nehmen chronisch Depressive ihre Symptome als Normalzustand hin. Das macht eine Therapie nicht einfacher, wie Sie sich sicherlich denken können.

Depressionen & andere psychische Erkrankungen

Die Depression muss nicht zwangsläufig alleine auftreten. Oftmals ist es sogar der Fall, dass sie gemeinsam mit anderen psychischen Erkrankungen auftritt. Auch hier stellt sich oftmals wieder Frage nach der Henne und dem Ei. Aus diesem Grund ist es nicht immer eindeutig, ob die Depression der Auslöser für eine andere psychische Erkrankung ist oder eine andere psychische Erkrankung die Depression auslöst. Eine medizinische Suche nach der Nadel im Heuhaufen beginnt also.

Doch welche psychischen Krankheiten treten häufig gemeinsam mit der Depression auf, ohne die Berücksichtigung, welche Erkrankung zuerst vorhanden war?

Sehr häufig werden Depressionen gemeinsam mit Angststörungen genannt. Phobien, Panikattacken, generalisierte Angststörung – nicht selten spielen hier Depressionen eine Rolle. Besonders signifikant wird es allerdings, wenn die Angststörung einen chronischen, demnach also einen dauerhaften Zustand einnimmt.

Auch das Burn-out- und neuerdings auch das sogenannte Boreout-Syndrom werden oft mit Depressionen diagnostiziert. Besonders Stress und stressige Lebensphasen, sowohl positiver als auch negativer Stress, können zum Burn-out oder Boreout führen. Wenngleich Boreout und Burnout sich gegenüberstehen, so bedeutet das nicht, dass eine Depression dadurch mehr oder weniger ausgeschlossen werden kann.

Eine Depression kann sich ebenfalls gemeinsam mit Neurosen und Psychosen zu erkennen geben. Neben den psychischen Erkrankungen, die hier im Vordergrund stehen, kann eine Depression aber auch gemeinsam mit körperlichen Erkrankungen auftreten. Damit sind nicht die Ursachen, wie beispielsweise eine Schilddrüsenfehlfunktion, gemeint, sondern aufgrund einer belastenden Erkrankung, wie z. B. Krebs, Herzinfarkte und dergleichen. Es gibt demnach also eine Vielzahl an kombinierten Möglichkeiten, bei denen eine Depression Teil der Diagnose ist.

Eine weitreichende Krankheit

Sind Sie selbst oder ist ein Angehöriger von Ihnen an Depressionen erkrankt, dann bedeutet das nicht nur für den Betroffenen einen erheblichen Leidensweg, sondern eben auch für die Angehörigen. Die Depression greift in viele Lebensbereiche über – sowohl bei Angehörigen als auch bei Betroffenen.

Durchaus lassen sich Depressionen als eine weitreichende Krankheit beschreiben. Erinnern Sie sich noch an die Einführung? Dort schrieb ich, dass manche Menschen die Depression als einen Kraken beschreiben würden, der sie mit den mächtigen Armen hinab ins unendliche Schwarz zieht. An diesem Beispiel lässt sich anknüpfen, wenn man sich vorstellt, dass ein von Depressionen betroffener Mensch nicht von diesem Kraken umschlossen wird, sondern ihn auf dem Rücken oder den Schultern mit sich durch sein Leben trägt.

Die Arme des Kraken greifen um den Erkrankten herum, stoßen Freunde weg und wehren sich mit aller Macht, dass an Depressionen erkrankte Menschen dem Alltag nachgehen können. Oftmals liegt es nämlich nicht am Willen der Menschen, sondern eben an dem Kraken, der die Menschen hindert. Das beginnt morgens beim Aufstehen.

Sie würden gerne aufstehen. Aber der Krake sitzt auf Ihnen, saugt sich mit seinen Saugnäpfen unter seinen kräftigen Armen fest und Sie – Sie liegen unter dem mächtigen Tier und können sich nicht wehren. Es ist keine einfache Aufgabe, die Vorgänge der Depressionen zu verdeutlichen und nahbar zu machen.

Hier gibt es die verschiedenen Ansätze und Bücher, die eben jene Krankheit versuchen verständlich zu vermitteln. Doch es bleibt dabei: Ob Krake, Hund oder eine unheimliche Macht: Sind die Botenstoffe im Gehirn gestört und können diese ihrer Arbeit nicht mehr richtig nachgehen und Reize übermitteln, dann kämpft man einen schweren Kampf gegen einen unsichtbaren Feind! Wie viel Auswirkung dieser, wenngleich keineswegs aussichtslose Kampf für Betroffene hat, soll Thema in diesem Kapitel sein.

Was bedeuten Depressionen?

Eines möchte ich vorwegschicken: Depressionen bedeuten für jeden Menschen etwas Anderes! Keine Depression gleicht der anderen, und so kommt es auch, dass jeder Betroffene sie ein wenig anders beschreiben würde.

Depressionen sind, wenngleich für Außenstehende unsichtbar, eine ernstzunehmende Krankheit. Denn gerade weil sie nicht sichtbar sind, Betroffene nicht humpeln, an Gehhilfen durch den Tag gehen oder einen Gips tragen, wird oft angenommen, dass Depressionen nicht von Bedeutung sind. Anstellerei, Faulheit und andere schlimme Vorwürfe müssen ertragen werden.

Dabei haben die meisten betroffenen Menschen schon eine gewaltige Hürde zu nehmen, und das beginnt gleich beim Aufstehen. Dass überhaupt die Kraft gefunden wird, sich morgens aus dem Bett zu begeben und sich dem Tag mit den Anforderungen zu stellen, ist die erste Hürde, die genommen werden muss. Doch es warten noch eine Reihe weiterer Hindernisse, mit denen von Depressionen betroffenen Menschen klarkommen müssen. Kleinste Fehler bringen alles zum Erliegen.

Noch haben wir nur über das morgendliche Aufstehen gesprochen. Es musste noch nicht zur Arbeit gegangen werden, und auch die Einkäufe sind noch nicht erledigt! Dinge, die für gesunde Menschen ganz normal, ja, sogar banal sind, können für an Depressionen erkrankte Menschen ein unüberwindbares Hindernis darstellen.

So viel unsichtbares Leid und anstatt Hilfe hagelt es oftmals Anschuldigungen und rat-, aber auch hilflose Aussagen von Außenstehenden. Einige Beispiele gefällig?

„Lächle doch einfach mal!"

„Du ziehst heute aber wieder ein Gesicht!"

„Du musst einfach nur mal wieder rausgehen!"

„Warum lässt du dich denn so hängen? Das geht doch nicht!"

Und zack! Wenngleich gut gemeinte Aufforderungen – sie bringen absolut nichts. Erstens ist es nicht *einfach mal eben* bei und mit einer Depression. Zweitens hat das *Ziehen eines Gesichtes* wohl mehr mit einem Ungleichgewicht im Gehirn gemein, als dass die Betroffenen ein *Gesicht ziehen wollen*! Und mit *Hängenlassen* hat das Leben eines an Depressionen erkrankten so gar nichts gemein! Tatsächlich ist es ein täglicher Überlebenskampf und das an vielen Fronten. Aber was bedeutet es nun, an Depressionen erkrankt zu sein?

Für Betroffene

Wie kann man sich das nun vorstellen? Sicherlich hat es Sie mit einer Erkältung schon einmal richtig schlimm erwischt – und zwar so schlimm, dass Sie es kaum aus dem Bett geschafft haben. Sie waren körperlich und mental so erschöpft, dass Sie sich sofort wieder hingelegt hatten. Als Sie dann aufgewacht sind, war es nicht wirklich besser. Ob Ihre Wohnung aussah, wie ein Schlachtfeld oder nicht, das war Ihnen egal. Sie brauchten Ruhe und davon viel! Mit Depressionen fühlt sich jeder Tag so an. Das wirklich Schlimme daran ist aber, dass viele kommende Tage, Wochen, Monate und manchmal sogar Jahre so aussehen! Ihre Erkältung klingt nach kurzer Zeit wieder ab, und Sie können Ihren Alltag wieder aufnehmen. Bei einer Depression weiß niemand recht, wie lange dieser Zustand noch dauern wird.

Gleiches zählt für die Gefühle. Jeder Mensch wurde schon einmal bitter enttäuscht. Dieses Gefühl verschwand irgendwann, wurde blasser und nun ist das Gefühl für gesunde Menschen lediglich ein Schatten in der Erinnerung. Doch für Menschen mit Depressionen sind diese ersten Momente real. Immer und immer wieder, den ganzen Tag, die ganzen Wochen, Monate und Jahre durchleben sie diese Enttäuschung. Es gibt kein Verblassen, es ist eher wie in einer Dauerschleife.

Sie kennen sicherlich die Situation, in der Sie eine Entscheidung treffen mussten und diese Konsequenzen für Ihr weiteres Leben haben wird. Es sind Entscheidungen, die niemand gerne trifft, aus Angst, sich am Ende falsch entschieden zu haben und die Konsequenzen tragen zu müssen. Gesunde Menschen können damit umgehen, finden weitere Lösungswege und Strategien. An Depressionen erkrankte Menschen allerdings sind gefangen in diesem Hin und Her aus „ja, eventuell und nein" – und das bei jeder noch so kleinen Entscheidung, die anfällt. Banale Dinge, beispielsweise „Welche Socken ziehe ich heute an?" werden für Menschen mit Depressionen zu wahren Herausforderungen.

Nein, ein Leben mit Depressionen ist kein einfaches Leben!

Oh nein, Sie sind weder faul noch verweigern Sie Aktivitäten bewusst. Wie gerne würden Sie einfach an dem Leben teilhaben? Morgens ohne Probleme aufstehen, einen Kaffee trinken und voller Vorfreude darauf warten, was Ihnen der Tag alles bringen mag?

Doch so ist es nicht. Sie sind krank. Sie haben Depressionen und kämpfen jeden Tag darum, diesen zu überstehen. Der Tag ist dunkler als der gestrige Tag und viel schwärzer als der kommende. Depressionen sind schlimm, so viel steht fest!

Für das Umfeld

Nun wurde in diesem Buch sehr viel über Betroffene gesprochen. Dabei wird gerne das Umfeld, die nächsten Angehörigen und die geliebten Menschen außer Acht gelassen. Ein fataler Fehler! Denn die Depression betrifft nicht nur den Erkrankten, sondern auch das Umfeld.

Angehörige stehen oft mit gut gemeinten Ratschlägen zur Seite. Doch sind es eben jene Ratschläge, die zwar gut gemeint, aber völlig falsch in der Wirkung sind.

Sie wollen der betroffenen Person helfen, weil Sie diese Person schätzen, mögen und lieben. Sie möchten für die an Depressionen erkrankte Person da sein, sie unterstützen und dabei merken Sie nicht, dass Sie oftmals selbst in die Fänge der Depression geraten. Ähnlich, wie es beim Alkohol auch der Fall ist, können sich Angehörige auch in eine Art Co-Abhängigkeit begeben. Aus diesem Grund ist es wichtig, dass sich Angehörige auch distanzieren können. Für Sie als Angehöriger bedeutet das, dass Sie zwar für die erkrankte Person da sein können und sollen, dabei aber nicht Ihre Interessen und Ihre Bedürfnisse aus den Augen verlieren.

Doch nicht alle Erkrankten können auf Verständnis hoffen. Es ist für Angehörige sehr schwer, diese Krankheit nachzuvollziehen, zu begreifen und darauf richtig zu reagieren. Als Angehöriger sollten Sie sich daher immer vor Augen halten, dass es sich um eine Krankheit handelt. Die betroffene Person trägt keine rosarote Brille, sondern eine schwarze Brille, welche die Weltansicht und die Wahrnehmung verzerrt und völlig falsch wiedergibt. Machen Sie sich das bewusst und verzichten Sie auf gut gemeinte Ratschläge für den Betroffenen.

Am wichtigsten ist aber, dass Angehörige ganz klar wissen, sie sind keine Therapeuten. Der Umgang mit an Depressionen erkrankten Menschen bedeutet auch für Angehörige tiefe und massive Einschnitte – der Krake wird nämlich auch die Angehörigen versuchen zu erwischen! Darum kann es durchaus sehr hilfreich sein, wenn sich auch Angehörige Hilfe bei Beratungsstellen oder innerhalb einer Psychotherapie holen. Des Rätsels Lösung heißt nämlich auch hier: Eigenschutz geht vor!

Für den Beruf

Wirtschaft und Depressionen stehen in einem ernstzunehmenden Konflikt. Dass die Zahl der an Depressionen erkrankten Menschen in den letzten Jahren zugenommen hätte, ist allerdings ein Irrglaube. Die Statistiken besagen nämlich nicht, dass die Zahl der Depressionen gestiegen ist, sondern dass sich solche Menschen eher Hilfe suchen und somit im Rahmen einer Therapie gute Heilungschancen haben.

Allerdings nehmen die psychischen Krankheiten, wozu auch die Depression zählt, immer mehr Fahrt auf und führen nun die Spitze an. Mit durchschnittlich 34,8 Tagen Fehlzeit am Arbeitsplatz pro Krankschreibung liegen die psychischen Erkrankungen weit vor den Herz-Kreislauf-Erkrankungen mit 20,4 Tagen pro Fall, Muskel- oder Knochenleiden mit 18,8 Tagen pro Krankschreibung oder der Erkrankung der Atemwege mit 6,5 Tagen pro krankgeschriebenen Fall.

Außerdem muss jedem bewusst sein, dass psychische Erkrankungen derzeit der Grund schlechthin sind, wenn Menschen frühzeitig in Rente geschickt werden oder mit verminderter Erwerbsfähigkeit[4] zu kämpfen haben.

Diese Situation ist nicht nur für die Wirtschaft eine bittere Pille, sondern auch für die Betroffenen. Nun verliert nicht jeder Mensch mit Depressionen seinen Arbeitsplatz! So viel muss an dieser Stelle gesagt werden. Doch zu viel Druck, falscher Umgang mit der Krankheit und ein Nichtauskurieren der Depression führt nicht nur zu einem Rückfall, sondern kostet die Wirtschaft eben auch Unsummen. Um Zahlen zu

---

[4] Deutsche Rentenversicherung Bund (2015). Rentenversicherung in Zeitreihen. DRV-Schriften Band 22

nennen: Psychische Erkrankungen kosten die Volkswirtschaft jährlich 15,5 bis 21,9 Milliarden Euro und die Tendenz ist steigend.

Da bleibt die Frage offen, warum bleiben viele Wirtschaftszweige in ihrem alten Denken hängen? Warum passen sie sich nicht an, fördern einen passenden Umgang mit psychischen Erkrankungen? Somit ließen sich aus wirtschaftlicher Sicht nur positive Vorteile erreichen, allem voran das Einsparen von viel Geld!

Interessant ist an dieser Stelle ebenfalls, dass auch hier die Frage nach der Henne und dem Ei besteht, da das Wechselspiel zwischen Depressionen und Arbeitsplatz sehr individuell ist. Während der Arbeitsplatz durchaus eine Depression begünstigen kann, beispielsweise wenn eine genetische Veranlagung oder ein traumatisches Erlebnis Depressionen wahrscheinlich macht, kann aber auch genau die umgekehrte Situation der Fall sein.

Hier hilft der Arbeitsplatz dem an Depressionen erkrankten Menschen dabei, zurück in sein Leben zu finden, eine Struktur aufzubauen und die eigene Wirtschaftlichkeit zu festigen.

So oder so, Arbeit und Depressionen müssen sehr individuell und von Fall zu Fall genau und vor allem professionell betrachtet werden!

Die Sache mit dem Verständnis

Viele an Depressionen erkrankte Menschen berichten von einem mangelnden Verständnis des sozialen Umfelds. Depressionen werden heutzutage gesellschaftlich immer mehr akzeptiert. Doch das war nicht immer so! Nicht nur Depressionen, sondern alle psychischen Erkrankungen, wurden für lange Zeit in Schwarz und Weiß aufgeteilt: entweder man konnte seine psychische Erkrankung gut verstecken oder man wurde an den Rand des sozialen Lebens gedrängt und als Sonderling behandelt.

Ein umfassendes Verständnis in der breiten Bevölkerung gibt es noch nicht lange. Und dieses Band ist noch sehr zerbrechlich! Nicht bei jedem Menschen werden psychische Erkrankungen auch als solche akzeptiert. Als ob es für Betroffene nicht schon schwierig genug wäre, mit der Depression umzugehen, so wird ihnen nicht selten vorgeworfen, ein Schauspieler zu sein, sich anzustellen, um ein wenig Mitleid und Aufmerksamkeit zu bekommen oder einfach nur faul zu sein. Sie können sich denken, was solche Anschuldigungen in Betroffenen auslösen! Sicherlich tragen sie nicht zu einer schnelleren Genesung bei. Im Gegenteil! Es ist mit einer Verschlechterung der gesundheitlichen Lage zu rechnen.

Warum also trifft man in einer so aufgeklärten Gesellschaft nicht auf mehr Verständnis? Diese Frage lässt sich recht einfach beantworten. Bei einem Armbruch bekommt der Verletzte einen Gips, und es ist deutlich zu erkennen, dass der Arm somit gebrochen ist. Bei einer Erkältung läuft die Nase,

Erkrankte sprechen mit heiserer Stimme, und man muss niesen und husten. Verquollene Augen und ein blasses Gesicht runden die sichtbaren Symptome ab. Wenngleich auch die Depression sichtbare Symptome aufweisen kann, beispielsweise versteinerte und ausdruckslose Mimik, so fehlen doch sämtliche äußerlich sichtbaren Symptome, an denen Menschen eine Krankheit ausmachen.

Von Depressionen Betroffene haben keinen Verband um den Kopf, sie tragen keinen Gips und haben auch keine verstopfte Nase. Man findet bei Ihnen keine Gehhilfen und keine verquollenen Augen. Es ist das Verhalten, auf das diese Krankheit nach außen einen Einfluss nimmt. Für zu viele Menschen zählt an dieser Stelle leider immer noch der Grundsatz: Was man nicht sieht, ist auch nicht da! Hinzu kommen altertümliche Ansichten, beispielsweise *Ein Indianer kennt keinen Schmerz* oder *Was nicht tötet, härtet ab*! Aussagen mit fatalen Auswirkungen für Betroffene! Menschen mit Depressionen fühlen sich sowieso schon sehr schlecht, leiden an Selbstzweifeln und Selbstvorwürfen und werden mit solchen Aussagen darin auch noch von außen bestätigt.

Auf der anderen Seite stellt sich natürlich die Frage, wie Angehörige von Betroffenen ein Verständnis für die Krankheit entwickeln sollen, wenn sie die Symptome und Auswirkungen gar nicht nachvollziehen können. Denn eines steht fest: Die beste Beschreibung der Symptome der Depressionen wird nicht einmal im Ansatz darstellen können, was Betroffene durchleben! Wer also die Symptome einer Depression empathisch nachvollziehen kann, der hat selbst schon einmal unter Depressionen gelitten! Diese Aussage trägt aber auch nicht zu mehr Verständnis bei!

Wenngleich man die Depression nicht erfassen kann, wie es bei einer Erkältung oder einem Beinbruch der Fall ist, so sollte doch mit einem ähnlichen Verständnis darauf reagiert werden. Zu hoch angesetzte Maßstäbe und Anforderungen führen oftmals genau zum gegenteiligen Effekt. Oder würde jemand auf die Idee kommen, mit einem gebrochenen Bein einen Marathon zu laufen und dabei noch unter den Top 3 das Ziel zu erreichen? Da sagt Ihnen der gesunde Menschenverstand bereits, dass dieses Unterfangen nicht nur sinnlos und gesundheitsgefährdend ist, sondern einfach eine richtig doofe Idee darstellt.

Zumal niemand auf die Idee kommt, mit gebrochenem Bein einen Marathon unter den Bedingungen zu laufen! Und auf diesem Weg sollte auch einer Depression Verständnis entgegengebracht werden. Wie könnte das also aussehen? Ein erster wichtiger Schritt ist Empathie. Machen Sie sich mit Ihrer Krankheit beziehungsweise mit der Krankheit des Angehörigen vertraut und informieren Sie sich über die Form der Depression! Anhand der Symptome kann schon vieles verständlicher, wenngleich nicht unbedingt nachvollziehbarer werden. Die Seele eines Betroffenen ist krank! Wenn Sie an Depressionen erkrankt sind, dann sollten Sie das auch auf diese Weise kommunizieren.

Wichtig ist für beide Seiten, dass mehr Verständnis entgegengebracht wird. So sollten Angehörige akzeptieren, dass die Seele eines Menschen erkrankt ist, wenngleich es keinen Gips, keine laufende Nase und keinen Husten als Erkennungsmerkmal gibt. Betroffene sollten aber auch eingestehen, dass es für Außenstehende und Nichterkrankte unmöglich ist, diese schwere Krankheit nachvollziehen zu können. Der Weg des Verständnisses für beide Seiten liegt also in der Mitte, und jeder muss einen Schritt aufeinander zugehen – auch wenn es schwerfällt!

Kein Beinbruch und trotzdem einschränkend

Depressionen sind langwierig, können Wochen, Monate oder gar Jahre anhalten. Sie beeinflussen das Leben eines Betroffenen, aber auch das Leben des Umfeldes in einem erheblichen Maß, und trotzdem geht die Krankheit vorüber. Wie schwarz auch der Tag ist, irgendwann wird ein kleiner Lichtschimmer am Horizont zu sehen sein, wenngleich man das im Augenblick nicht glauben mag!

Insgesamt ist der Umgang mit der Krankheit eine Frage der Perspektive. Wenngleich es schwer ist, so sollte doch die Hoffnung aufrechterhalten werden. Die Depressionen sind eine schlimme und ernstzunehmende Erkrankung der Psyche. Sie sind geprägt von Hoffnungs- und Hilflosigkeit bei Betroffenen und Angehörigen. Und trotzdem lässt sich eine Depression überwinden, und es gibt wieder ein Morgen!

Die Betroffenen sind weder an der Erkrankung schuld, noch haben sie diese heraufbeschworen. Es ist eine Krankheit, die kommt, aber auch wieder gehen wird. Der Unterschied liegt in der Dauer. Wenn die Depression als solche angesehen wird, dem Betroffenen und den Angehörigen Hilfestellungen zuteilwerden und ein guter Therapieansatz, abgestimmt auf den Schweregrad des Betroffenen, erarbeitet wird, dann stehen die Heilungschancen sehr gut.

Die Depression ist kein Beinbruch, und trotzdem schränkt sie das Leben genauso ein – nur anders, eben psychisch.

Für Angehörige

Dieses Kapitel ist für Angehörige von an Depressionen erkrankten Menschen verfasst. Hier sollen Sie im Zentrum der Aufmerksamkeit stehen. Nicht selten sind Sie überfordert, ratlos und hilflos. Sie wissen weder mit der betroffenen Person umzugehen, noch wissen Sie, wie Sie sich und der Person helfen können.

Es ist kein einfacher Weg. Er ist gekennzeichnet von vielen Rückschlägen und wahrscheinlich auch von entmutigenden Situationen. Viele Angehörige vergleichen Ihre Situation mit jener eines Hamsters im Laufrad: Sie bemühen sich, strampeln sich ab, geben alles, und trotzdem bringt es nichts!

Dabei verlieren Sie wahrscheinlich auch den Überblick für Ihre persönliche Situation. Ziel ist es, dass Sie der betroffenen Person zwar helfen und sie bei der Genesung unterstützen – sich aber selbst kaputtzumachen, das bringt der betroffenen Person nichts und Ihnen erst recht nicht! Wie sollen Sie also vorgehen?

Es gibt verschiedene Möglichkeiten, wie Sie einen Einfluss auf die Krankheit des Angehörigen nehmen können. Natürlich ist das Angebot enorm groß, es gibt viele Ansätze und viele Möglichkeiten, wie Sie mit der Krankheit lernen umzugehen und sich selbst dabei schützen.

In diesem Kapitel möchte ich Ihnen aber ein paar grundsätzliche Anregungen, Ideen und Möglichkeiten mit auf den Weg geben, sodass Sie als Angehöriger eine erste Information an die Hand bekommen. Es soll hier also um die Fragestellung gehen, wie Sie Ihre Vermutungen äußern können, wenn Sie der Meinung sind, dass ein Angehöriger oder eine Person in Ihrem Umfeld an Depressionen erkrankt zu sein scheint. Darüber hinaus möchte ich Ihnen noch ein paar Fakten mit auf den Weg geben, was den Umgang mit Depressionen angeht und wie Sie sich und den Angehörigen aus dieser schwierigen Situation heraus unterstützend helfen können. Außerdem müssen Sie sich selbst ein Stück weit schützen. Wie das funktioniert, wird ebenfalls Teil des Kapitels sein. Darum möchte ich nun nicht länger Zeit mit der Einführung in dieses Kapitel verschwenden, sondern direkt mit Ihnen in das Kapitel hineintreten.

Wie sollen Sie Vermutungen äußern?

Sie haben die Vermutung, dass eine Ihnen nahestehende Person an Depressionen erkrankt ist? Dann haben Sie durch Ihre Aufmerksamkeit schon eine gewaltige Hürde genommen, und dazu möchte ich Ihnen gratulieren! Nicht selten werden die ersten Anzeichen von Angehörigen nämlich verkannt und übersehen. Es gehört also sehr viel Feingefühl und eine gute Beobachtungsgabe dazu, die ersten Anzeichen richtig zu deuten. Doch wie geht es dann weiter? Was sind die richtigen Schritte?

Sollten Sie die Vermutung haben, dass eine Ihnen nahestehende Person an Depressionen erkrankt ist, dann können und sollten Sie die Person direkt darauf ansprechen. Allerdings ist es eine Frage der Art und Weise, demnach also *Wie spreche ich die vermutlich betroffene Person richtig darauf an?*

Grundsätzlich sollten Sie Ihren Verdacht klar kommunizieren. Hier helfen Ihnen Aussagen weiter, die so oder so ähnlich formuliert werden:

- Mir ist aufgefallen, dass du dich in letzter Zeit sehr viel zurückziehst und das Interesse an vielen Dingen verloren hast, die dir einst Spaß gemacht haben. Sehe ich das richtig?

- Du ziehst dich in letzter Zeit sehr zurück, und ich konnte beobachten, dass du niedergeschlagen wirkst. Ich sorge mich um dich!
- Deine Freude scheint verloren gegangen zu sein. Das gibt mir sehr zu denken. Ich würde gerne gemeinsam mit dir etwas dagegen unternehmen. Gibt es etwas, was wir gemeinsam machen können?

So gerne, wie Sie auch sofort aktiv werden möchten, Sie sollten immer darauf bedacht sein, Ihre Sorgen um die Person zu kommunizieren. Aufmunterungsversuche sollten Sie dringend vermeiden. Diese können, wenngleich gut gemeint, die betroffene Person mächtig unter Druck setzen, und der Schuss könnte gewaltig nach hinten losgehen. Zu solchen Aussagen zählen beispielsweise:

- Reiß dich zusammen, das wird schon wieder!
- Lass uns doch einfach mal wieder rausgehen. Dann kommst du auf andere Gedanken!
- Komm, wir verreisen über das Wochenende. Einfach einmal raus, neue Luft schnuppern ...
- Lach doch endlich mal wieder. Lachen hilft!

- Das wird schon vorübergehen, wenn du jetzt ein wenig was dafür tust!

Beachten Sie auch, dass Sie keineswegs den schweren Weg für die von Depressionen betroffenen Person gehen können. Sie können den Menschen begleiten, ihm Hilfe anbieten und aufmerksam beobachten. Doch die Depressionen sind eine Krankheit, die in medizinische Hände gehört!

Was Sie tun können und der Umgang

Wenn Sie nun den Anfang gefunden haben und Ihre Bedenken gegenüber der betroffenen Person äußern konnten, dann folgt logischerweise der zweite Schritt. Hier geht es darum, dass Sie der an Depressionen erkrankten Person Hilfe anbieten. Kommunizieren Sie hier aber ganz deutlich, dass Sie gewillt sind, diesen schweren Weg gemeinsam mit der Person zu beschreiten, Sie aber keinen Therapeuten ersetzen können! Bestätigen Sie die Person dazu, sich einen Termin bei einem Arzt zu holen und geleiten Sie die Person mit zu dem Termin, sofern Sie das einrichten können und die betroffene Person das auch wünscht.

In manchen Fällen ist die betroffene Person aber schon so von den Depressionen ergriffen, dass sie unfähig ist zu handeln oder sich den Termin zu machen. Hier können Sie diese Aufgabe übernehmen, sofern die erkrankte Person das wünscht. Manche an Depressionen erkrankte Menschen sind bereits in einem so fortgeschrittenen Stadium der Depressionen, dass sie handlungsunfähig und auf Ihr Handeln angewiesen sind. In diesem Fall sollten Sie die Initiative ergreifen und einen Termin beim Arzt machen und diesen auch gemeinsam mit der betroffenen Person wahrnehmen.

In manchen Situationen kann es aber auch erforderlich sein, dass Sie den Notarzt rufen müssen. Das ist dann der Fall, wenn die von Depressionen betroffene Person suizidale Absichten äußert. Der Notarzt kann die Person dann schnellstmöglich in eine psychiatrische Einrichtung bringen. Ohne bei

Ihnen Ängste wecken zu wollen, so ist es aber doch ein fataler Irrglaube, dass Menschen, die einen Suizid ankündigen, diesen nicht vollziehen werden!

Viele Umgangsformen habe ich Ihnen in diesem Kapitel bereits genannt. So sollten gut gemeinte Aufmunterungsversuche und Ratschläge unterlassen werden. Stattdessen versuchen Sie das Gespräch mit der betroffenen Person zu finden. Bemühen Sie sich, Verständnis zu haben, und vermeiden Sie eine Bedrängnis. Andernfalls würde es die betroffene Person nur noch mehr unter Druck setzen.

Sie wissen bereits, dass die Depression eine ernstzunehmende psychische Erkrankung ist und dass ein Mensch, der selbst noch nie an Depressionen erkrankt ist, sich gar nicht vorstellen kann, mit einer solchen Krankheit zu leben. Das ist auch ganz normal! Sie müssen die Krankheit nicht nachempfinden können, um der betroffenen Person zu helfen. Denn für nicht an Depressionen erkrankte Menschen gibt es keine Möglichkeit, diese Lasten nachzuempfinden. Aber Sie können Verständnis für die Krankheit aufbringen. Schließlich würden Sie auch Verständnis für jemanden haben, der sich gerade ein Bein gebrochen hat.

Die zehn goldenen Regeln

Sie möchten der von Depressionen betroffenen Person helfen. Das ist mehr als nur verständlich und lobenswert! Nachdem die Fragen beantwortet wurden, was Depressionen sind, wie sie sich äußern und wie die Therapiechancen sind, interessiert Angehörige meist sehr die Frage, wie sie dem Betroffenen Hilfe zuteilwerden lassen können. Die zehn goldenen Regeln sollen sich eben genau damit befassen: Wie können Sie helfen? Was gibt es zu beachten? In welchem Maß kann Hilfe eingebracht werden? Diese zehn Punkte sollen Ihnen dabei helfen!

1. Prioritäten

Fokussieren Sie sich auf die Dinge im Leben, die wichtig sind. Auch das Verhalten des Erkrankten sollte von Ihnen nicht zu streng bewertet werden. Ganz wichtig ist: Setzen Sie gezielt Prioritäten!

2. Fürsorge nur in Maßen – nicht in Massen

Sosehr Sie sich auch sorgen, Sie brauchen dem Erkrankten nicht zu viel Fürsorge zuteilwerden zu lassen. Besser ist: Geben Sie dem Erkrankten so viel Selbstständigkeit, wie es nur möglich ist. Das bedeutet aber auch nicht, dass Sie sich zurückziehen müssen oder sollen. Kommunizieren Sie, dass Sie für die Person da sind, wenn er oder sie Sie braucht.

3. Zeit

Geben Sie sich und dem Erkrankten die Zeit, die alle brauchen, um mit der Krankheit zurechtzukommen – besonders in akuten Phasen! Wenngleich man geneigt dazu ist, die Sache zu beschleunigen, so sollten Sie doch eher auf die kleinen Schritte setzen und sich auch über diese gemeinsam mit dem Betroffenen freuen.

4. Erwartungshaltung

Kein Tag gleicht dem anderen. Passen Sie daher Ihre Erwartungshaltung immer wieder neu an. Überforderung und Überstimulation helfen weder dem Erkrankten noch Ihnen!

5. Ziele setzen

Wenn ein Ziel gesetzt werden soll, braucht es zuvor einen Plan. Außerdem sollte das Ziel für den Erkrankten auch realistisch erreichbar sein. Bleiben Sie sachlich und kommunizieren Sie emotionslos diesen Plan gegenüber dem Betroffenen. Denken Sie auch hier in kleinen Schritten und nehmen Sie so viel Druck heraus, wie es nur möglich ist. Zelebrieren Sie das erreichte Ziel.

6. Im Hinterkopf

Denken Sie immer daran, dass der Erkrankte Sie mit seinem Verhalten nicht erzürnen oder ärgern will. Die Depression ist der Ausdruck, mit seinem Erleben fertig zu werden. Es ist nicht einfach, aber sicher nicht gegen Sie gerichtet!

7. Gesundheit stärken

Wenngleich die Depression allumfassend in jeden Lebensbereich eingreift, so gibt es doch auch noch „gesunde" Bereiche. Statt sich auf das zu fokussieren, was derzeit durch die Depression lahmgelegt wurde, sollten Sie sich gemeinsam auf die gesunden Bereiche konzentrieren und diese stärken.

8. Gelassenheit

Wenn es auch manchmal unerträglich schwierig scheint, so sollten Sie sich eine gelassene Lebenseinstellung aneignen. Diese Einstellung macht es für Sie nicht nur erträglicher, sondern auch einfacher. Sorgen Sie aber auch für ausreichend Freiraum für Ihre Gefühle und setzen Sie sich bewusst mit diesen auseinander.

9. Medikamente

Wenngleich der Erkrankte auf Medikamente angewiesen ist, so ist das doch eine Angelegenheit zwischen ihm und dem Arzt. Sie wollen natürlich nur das Beste für Ihren Angehörigen und achten somit penibel genau darauf, ob die Medikamente genommen wurden. Doch das ist nicht Ihre Aufgabe! Fühlen Sie sich weder dafür verantwortlich, noch sollten Sie Druck ausüben.

10. Sie sind an der Reihe

Bei allen Sorgen, Ängsten und Nöten, die sich gerade rund um die betroffene Person ansammeln, Sie dürfen sich nicht aus den Augen verlieren. Achten Sie darauf, dass Sie sich nicht verausgaben, gehen Sie Ihren Hobbys nach und nehmen Sie am gesellschaftlichen Leben teil. Wenn nun auch Sie sich immer weiter zurückziehen, dann können Sie dem Betroffenen nicht mehr helfen, wichtiger aber noch: Sie werden früher oder später auch erkranken, und das gilt es zu vermeiden! Achten Sie also gut auf sich selbst!

Co-Erkrankung vermeiden

Aufopferungsvoll kümmert und umsorgt man den lieben Angehörigen. Ja, man würde das letzte Hemd für ihn geben. Aufopferung in allen Ehren, ein sehr nobles Motiv, aber Sie sollten trotzdem sich selbst nicht vergessen. Zu schnell geraten auch Sie in eine Co-Erkrankung hinein und werden im Anschluss selbst krank! Damit haben Sie nichts erreicht und vor allem sich selbst geschadet!

Eine Co-Erkrankung geschieht schleichend und somit ist Sie nicht immer sofort erkennbar. Sie sollten also Grenzen setzen können und nicht warten, bis Ihre Akkus völlig erschöpft sind! Ein sehr wichtiger Aspekt ist dabei, dass Sie nach wie vor Ihren Interessen nachgehen, Ihre Hobbys ausleben und außerdem soziale Kontakte pflegen. Beachten Sie außerdem die zehn goldenen Regeln aus dem vorangegangenen Kapitel!

Manchmal kann es aber auch helfend und angenehm sein, wenn Sie als Angehöriger ebenfalls an Selbsthilfegruppen für Angehörige teilnehmen. Hier steht der Erfahrungsaustausch im Vordergrund, und Sie werden schnell merken, dass Sie nicht die einzige Person weit und breit sind, die solche Lasten auf den Schultern tragen muss! Auch eine Psychotherapie kann unterstützend sehr gut dabei helfen, dass Sie im Gleichgewicht bleiben.

Darüber hinaus sollten Sie zusätzlich für Ruhephasen und Entspannung sorgen – nehmen Sie sich ungestörte Zeit nur für sich und tun Sie sich etwas Gutes!

Wenn Sie merken, dass Sie mit der Situation überfordert sind, dann sollten Sie das auf keinen Fall als kurzzeitige Phase abtun. Reagieren Sie darauf, und suchen Sie sich entsprechende Hilfe. Erste Anlaufstelle kann Ihr Hausarzt sein, aber auch caritative Einrichtungen beraten Sie diesbezüglich umfangreich.

Ein Weg aus den Depressionen

Die gute Nachricht möchte ich gleich vorwegschicken: Depressionen sind heilbar! Je früher diese behandelt werden, umso wahrscheinlicher ist eine Heilung! Allerdings verschwinden Depressionen nicht von alleine. Betroffene müssen also aktiv werden und einen Arzt aufsuchen. Der Arzt findet gemeinsam mit dem Betroffenen einen Weg aus der Depression heraus. Hierzu steht zu Beginn die Diagnostik. Zunächst muss die Depression also exakt bestimmt werden, sowohl als Krankheitsbild als auch in der Schwere. Im Anschluss werden verschiedene Therapieansätze besprochen. In den meisten Fällen ist es eine kombinierte Therapie, die zum einen aus Medikamenten und zum anderen aus einer Psychotherapie besteht. Wie genau jede Therapie aber im Detail aussieht, das ist sehr individuell und somit von Fall zu Fall verschieden.

Grundsätzlich gibt es bei dem Weg aus der Depression gute und schlechte Tage. Es werden Ihnen also Tage begegnen, an denen Sie keinen Sinn in der Therapie sehen und diese am liebsten abbrechen möchten. Es wird aber auch Tage geben, da wird die Hoffnung zurückkehren, dass Sie die Krankheit überwinden und in Ihr gewohntes Leben zurückkehren können.

In diesem Kapitel soll es aber um die möglichen Wege aus der Depression gehen. Hierzu möchte ich Ihnen die verschiedenen Therapieansätze erklären, und außerdem möchte ich Ihnen noch nahebringen, was eine Therapie überhaupt bedeutet und welche Ziele eine Therapie verfolgt. Da es sehr viele verschiedene Meinungen und Auffassungen zu der Heilungschance einer Depression gibt, schauen wir uns selbstverständlich auch die Prognose und Statistik hierzu an. Dieses Kapitel soll Ihnen Mut machen, den Weg aus der Depression zu beschreiten.

Therapieansätze

Gleich in dem ersten Abschnitt möchte ich Ihnen die verschiedenen Therapieansätze genauer aufzeigen. Hier gibt es verschiedene Möglichkeiten, die im Zusammenspiel einen guten und soliden Weg aus der Depression ermöglichen.

Leider sind viele von den Therapieansätzen noch immer voll mit Vorurteilen. Obwohl eine Psychotherapie heutzutage auf viel mehr Akzeptanz stößt als noch vor 20 Jahren, so haben Patienten nicht selten mit gesellschaftlichen Vorurteilen zu kämpfen. Davon sollten Sie sich aber nicht beirren lassen. Gleiches zählt für die Therapie mit Medikamenten. Die Wissenschaft und Medizin haben enorme Fortschritte in den letzten Jahren gemacht, und so wurde auch an den Medikamenten gefeilt. Eine viel gezieltere Dosierung ist heutzutage möglich, und das bedeutet für den Patienten, dass sich auch die Nebenwirkungen in Grenzen halten. Das Vorurteil, dass man zu einem ferngesteuerten Roboter wird, ist längst überholt und Schnee von gestern.

All diesen Vorurteilen, Vorabmeinungen und falschen Informationen sollten Sie also wenig Gehör schenken und stattdessen die Fokussierung auf Ihre Genesung setzen! Und damit ich Ihnen nun noch ein wenig mehr Angst nehmen kann, möchte ich gemeinsam mit Ihnen nun die verschiedenen Therapiemöglichkeiten in Zusammenhang mit der Depression erläutern! Ich hoffe sehr, dass Sie am Ende des Kapitels einen besseren Überblick haben!

Medikamentös

Depressionen werden in der Regel mit einem sogenannten Antidepressivum behandelt. Hierbei handelt es sich um ein Medikament, das regelmäßig und über einen gewissen Zeitraum eingenommen werden muss, damit es seine volle Wirkung entfalten kann. In der Regel brauchen Antidepressiva in etwa zwei Wochen bei täglicher Einnahme, bis der Patient eine Linderung seiner depressiven Symptome bemerkt. Der Eintritt der Wirkung ist aber unter anderem von der täglich verordneten Dosis und der Schwere der Depression abhängig. Fatal ist aber die Annahme, dass die Antidepressiva eigenmächtig abgesetzt werden können, sobald eine Besserung zu verspüren ist. Die Depressionen werden mit aller Macht zurückkehren, und die medikamentöse Therapie muss erneut beginnen. Daher sollte ein Absetzen nur mit einem Arzt besprochen werden. In der Regel werden Antidepressiva für weitere sechs Monate, nachdem der Patient beschwerdefrei ist, eingenommen. Dies dient der Prophylaxe und soll einen Rückfall vermeiden.

Doch wie wirken Antidepressiva überhaupt?

Antidepressiva wirken direkt auf das Gehirn. Sie erinnern sich an dieser Stelle an das Ungleichgewicht der Botenstoffe. Das Antidepressiva verhindert einen Abtransport der Botenstoffe im synaptischen Spalt, indem es, ziemlich plump gesagt, die Ausgänge blockiert. Somit befinden sich mehr Botenstoffe im synaptischen Spalt, die den Reiz dann übertragen können.

Obwohl es verschiedene Antidepressiva-Hersteller gibt, so gibt es doch wenig Neues auf dem medikamentösen Markt in Bezug auf Depressionen. Ein Durchbruch mit einem anderen Mittel steht also noch aus. Aber immerhin konnten die Nebenwirkungen gemildert werden, was aber nicht bedeutet, dass Antidepressiva frei von jeglichen Nebenwirkungen sind. Grundsätzlich sind die Nebenwirkungen der Antidepressiva sehr individuell. Lesen Sie daher immer den Beipackzettel, und fragen Sie bei Unsicherheiten Ihren Arzt oder Apotheker.

Psychotherapie

Die Psychotherapie bietet in vielerlei Hinsicht eine spezielle und besonders erfolgreiche Therapieform bei Depressionen. Doch was hat es überhaupt damit auf sich?

Die Psychotherapie ist grundsätzlich eine Therapieform, um seelische Erkrankungen zu heilen. Innerhalb der Psychotherapie werden verschiedene Techniken, Methoden und Ansätze verfolgt, die gemeinsam mit dem Patienten ausgearbeitet werden. Eine Psychotherapie kann sowohl ambulant als auch stationär erfolgen. Bei einer ambulanten Psychotherapie besteht die Möglichkeit, zunächst vier Sitzungen wahrzunehmen, um entscheiden zu können, ob sich ein Vertrauensverhältnis zwischen dem Patienten und dem Psychotherapeuten aufbauen lässt. Dieses ist nämlich von größter Wichtigkeit, soll die Therapie doch erfolgreich sein. Neben diesem Kennenlernen ist aber ebenfalls noch die Art der Psychotherapie entscheidend. Sie können sich an dieser Stelle denken, dass es viele verschiedene Therapieformen gibt und jeder Psychologe seinen Schwerpunkt hat. Bei Depressionen haben sich aber besonders zwei Therapieformen durchsetzen können. Zum einen ist die Verhaltenstherapie zu nennen und zum anderen die Tiefenpsychologie. Da diese beiden Formen sehr häufig im Kampf gegen die Depression zum Einsatz kommen, möchte ich Ihnen diese hier nun kurz vorstellen.

Verhaltenstherapie

Die Verhaltenstherapie hat in ihrem Zentrum das operante und klassische Konditionieren. Beides sind Reiz-Reaktions-Modelle. Um Ihnen das verständlicher zu machen: Wenn Sie den Türöffner betätigen und dabei die Türklinke anfassen, bekommen Sie einen Stromschlag. Da der Stromschlag dazu führt, dass Sie Schmerzen haben, werden Sie die Türklinke und den Türöffner zukünftig nicht mehr gleichzeitig berühren. Sie haben gelernt, dass eine Kombination dieser beiden Berührungen zu Schmerzen führt. In der Verhaltenstherapie geht es gezielt darum, solche Verhaltensmuster zu erkennen, zu analysieren und neue Verhaltensmuster einzubetten. Doch nicht nur das ist Teil der Verhaltenstherapie. Auch geht es hierbei um die sogenannte Hilfe zur Selbsthilfe. Gemeinsam mit dem Patienten werden neue Wege gesucht, wie der betroffene Mensch sich selbst in beschwerlichen Situationen helfen kann.

Die Grundannahme, die hinter einer Verhaltenstherapie steckt, ist simpel. Sie besagt nämlich, dass Verhaltensweisen und -muster, die erlernt wurden, auch wieder verlernt werden können. Die eine Verhaltenstherapie gibt es aber schon lange nicht mehr. Im Laufe der Zeit unterteilte sich die Verhaltenstherapie in viele verschiedene Ansätze und Modelle, die jeweils ihre eigenen Schwerpunkte bearbeiten, um den Patienten zu helfen.

Tiefenpsychologie

Der Verhaltenstherapie steht die Tiefenpsychologie gegenüber. Dabei funktioniert diese Form der Therapie anders, als Sie sie gerade in der Verhaltenstherapie kennengelernt haben. Die Grundannahme beruht bei der Tiefenpsychologie nämlich auf der Psychoanalyse. Es geht also um das Analysieren der psychischen Abläufe und Erlebnisse. Außerdem lässt sich von dem Wort Tiefenpsychologie schon einiges ableiten. In der meist 60 Sitzungen langen Therapie geht es darum, in die Tiefen des Unterbewusstseins einzutauchen und dort Wünsche, Motive, aber auch Konflikte bewusst zu machen und an die Oberfläche zu holen. Außerdem geht die Tiefenpsychologie davon aus, dass die meisten schädigenden Einflüsse aus der Kindheit und Jugend kommen. Kombiniert man nun diese beiden Aspekte, so begibt man sich auf eine Zeitreise in das Unbewusste der eigenen Seele und schaut, welche Ursachen es für die aktuelle psychische Erkrankung gibt. Diese Ursachen werden dann gezielt bewusst gemacht und der Therapeut sowie der Patient arbeiten gemeinsam an einer Auflösung der Ursachen.

Die Tiefenpsychologie setzt hierbei weniger auf das Ändern von Verhaltensmustern als vielmehr auf die Klärung unbewusster Konflikte, die teils Jahrzehnte zurückliegen können.

Beide Therapieformen können übrigens gute Erfolge nachweisen. Welche Therapieform für Sie in Frage kommt, müssen Sie selbst herausfinden, denn jeder Mensch ist anders, und nicht jeder Mensch kommt mit beiden Therapieformen gleichermaßen gut zurecht! Der sinnvollste Schritt ist es, sich von Ihrem Arzt im Vorfeld beraten zu lassen, sollten Sie sich bezüglich der Therapieform unsicher sein.

Selbsthilfegruppen

Auch Selbsthilfegruppen unter professioneller Leitung haben sich als besonders bewährt erwiesen. Der Vorteil einer Selbsthilfegruppe liegt hierbei auf der Hand. Der an Depressionen erkrankte Mensch begibt sich in ein Umfeld, in dem ein Menschenkreis dasselbe Schicksal teilt oder teilte: nämlich den Kampf gegen die Depressionen. Innerhalb des geschützten Raumes braucht sich niemand zu erklären, denn jeder Teilnehmer weiß, wie schrecklich sich die Depressionen anfühlen. Außerdem kann ein guter Austausch stattfinden, und untereinander können gemeinsame Lösungswege gefunden werden. Zudem können Betroffene von den Erfahrungen anderer Erkrankter profitieren und haben somit einen großen Schatz an individuellen Erfahrungen im Kampf gegen die psychische Krankheit, auf den Sie zurückgreifen können.

Doch auch das Wissen über das Leid, welches die Krankheit über jeden Einzelnen bringt, schweißt zusammen. Es entsteht wieder ein reger Austausch und ein soziales Leben! Beides sind wichtige Schritte, den Weg aus der Depression zu meistern.

Doch Achtung! Bei allen Vorteilen, die eine Selbsthilfegruppe mit sich bringen mag, so ist sie nicht mit einer Psychotherapie oder gar als Ersatz einer solchen zu verstehen. Darüber hinaus ist eine Selbsthilfegruppe nicht jedermanns Sache und niemand sollte dahin gezwungen werden, wenngleich nur die besten Absichten dahinterstehen mögen. Eine Selbsthilfegruppe kann unterstützend zu den anderen Therapieformen sehr positiv sein, wenn man sich darauf einlassen möchte und kann.

Entspannungstechniken

Verschiedene Entspannungstechniken können darüber hinaus dem Betroffenen auch bei der Überwindung der Depression helfen. Doch was bedeuten Entspannungstechniken überhaupt?

Zu den gängigen Entspannungstechniken zählen die progressive Muskelentspannung, aber auch das autogene Training. Allerdings sind das nicht die einzigen Entspannungstechniken, die zum Einsatz kommen können; es sind lediglich die bekanntesten und gängigsten Methoden. Im Prinzip ist erlaubt, was guttut. So können dem einen Atemübungen schon enorm guttun, während ein anderer die absolute Entspannung beim Malen oder Yoga findet.

Mandalas ausmalen, Kreuzworträtsel ausfüllen oder Meditation – die Vielfalt der möglichen Entspannungstechniken ist groß. Daher empfiehlt es sich, dass sich sowohl an Depressionen Erkrankte, als auch die Angehörigen gemeinsam oder einzeln auf die Suche begeben und schauen, was ihnen guttut. In den meisten Fällen müssen die verschiedenen Möglichkeiten mehrfach ausprobiert werden, damit man sich ein Urteil bilden kann, vor allem aber, damit man entscheiden kann, ob diese Art der Entspannung einem auch wirklich hilft.

Sport wird übrigens oft mit zu der Entspannung gezählt. Dass Bewegung und Sport bei Depressionen gut und wichtig sind, steht absolut nicht zur Debatte. Allerdings geht es bei den Entspannungstechniken um ein bewusstes Zur-Ruhe-Kommen! Ein zusätzliches Sport- oder Bewegungsprogramm kann den Depressionen aber sehr gut entgegenwirken!

Welche Therapiemöglichkeiten gibt es noch?

Natürlich sind die Therapien mit den hier genannten Ansätzen noch längst nicht ausgeschöpft. Es gibt eine Vielzahl von weiteren Möglichkeiten, den Weg aus der Depression zu beschreiten. Bei schweren Depressionen hat sich beispielsweise die Elektrokonvulsionstherapie, kurz EKT, bewährt. Unter Narkose werden kurze elektrische Impulse im Gehirn gesetzt, die bei dem Patienten eine Art Krampfanfall auslösen.

Wie genau die EKT im Detail wirkt, ist bis heute noch nicht bekannt. Man geht aber davon aus, dass verschiedene Regionen im Gehirn dabei zusammenspielen, die durch die Depression verändert wurden. Übrigens ist die EKT durch verschiedene Studien in der Wirksamkeit sehr gut belegt und kommt vor allem dann zum Einsatz, wenn die gängigen Behandlungsversuche fehlgeschlagen sind und die Depression einfach nicht weicht.[5]

Neuesten Studien nach wirkt auch eine gezielte Vagusnerv-Stimulation mittels elektrischer Impulse sehr gut gegen Depressionen. Wenngleich sich diese Erkenntnisse noch im Rahmen von Studien hierzulande festigen müssen, so wurde diese Behandlung in den USA bereits zugelassen. Dabei können sich die Erfolge aus den USA durchaus sehen lassen. Etwa 60 % der an Depressionen erkrankten Menschen mit der sogenannten Vagusnerv-Stimulation reagieren binnen

---

5 http://www.psychiatrie.med.uni-goettingen.de/de/content/patienten/243.html

30 Monaten auf die Behandlung und konnten, trotz schlechtester Prognosen, den Weg zurück in das *normale* Leben finden[6].

Auch eine tiergestützte Therapie kann Erfolge erzielen. Da dies aber sehr speziell ist und voraussetzt, dass der Patient keine Angst vor dem jeweiligen Tier hat, kann unter günstigen Voraussetzungen das Tier dem Betroffenen zurück ins *normale* Leben verhelfen. Für tiergestützte Therapien kommen meist Hunde und Pferde infrage. Immer häufiger werden aber auch Katzen, Kaninchen und Hühner genutzt. Die heilende Bindung, die zum Tier aufgebaut wird, steht zentral im Vordergrund.

---

[6] Dr. Scott Aaronson vom Gesundheitsversorger Sheppard Pratt Health System (Am J Psych 2017; online 31. März; doi: 10.1176/appi.ajp.2017.16010034).

Ziele der Therapie

Im Großen ist das Ziel einer Therapie die Genesung des Erkrankten. Wenngleich die Depression eine gut therapierbare Krankheit ist, so gibt es immer wieder Ausnahmen, welche die Regel bestätigen. Diese Menschen zählen zu den schwer therapierbaren Depressionspatienten. Bei diesen Menschen bedeutet die Therapie eine Milderung der Symptomatik und somit eine Verbesserung des Zustandes. Zum Glück ist das aber nicht der Regelfall.

Grundsätzlich werden innerhalb der verschiedenen Therapieansätze nach möglichen Wegen gesucht, den Patienten zu stabilisieren und die eigenen Ressourcen zu stärken. Auf diesem Weg soll dem Erkrankten neue Lebensqualität, vor allem aber das Gefühl gegeben werden, dieser schweren Krankheit nicht ausgeliefert zu sein, sondern ihr etwas entgegensetzen zu können. Da es bei der Depression immer wieder Tage gibt, an denen es dem Patienten schlechter geht, werden die Ziele individuell und manchmal eben auch sehr spontan gesetzt.

So kann das Ziel an einem schlechten Tag beispielsweise einfach nur lauten, einen positiven Moment beschreiben zu können. An besseren Tagen können erste Zukunftsziele gesetzt und darauf hingearbeitet werden. Das Ziel ist es also, dass der an Depressionen erkrankte Mensch am Ende der Therapie in ein ganz normales Leben zurückkehren kann, am sozialen und kulturellen Leben teilnimmt und wieder eine lebensbejahende Einstellung vertritt.

Darüber hinaus werden auch ganz individuelle Ziele ins Visier genommen, und gemeinsam mit den verschiedenen Mitwirkenden wird geschaut, wie diese individuellen Ziele erreicht werden können. Hoffnung, Mut und Zuversicht stehen hier oftmals zentral im Mittelpunkt.

Was kann man selbst machen?

Wenn es um den Weg aus den Depressionen geht, so ist viel Eigeninitiative gefragt. Je nach Schwere der Erkrankung ist diese Eigeninitiative in der Regel sehr individuell.

Je nach Depressionsschwere und -auswirkung haben Betroffene und deren Angehörige einige Möglichkeiten, um selbst zu intervenieren. Darum möchte ich Ihnen in diesem Kapitel die verschiedenen Ansätze und Möglichkeiten aufzeigen, was Sie selbst unternehmen können, um gut durch diese Phase Ihres Lebens zu kommen. Da es unterschiedliche Maßnahmen sind, unterscheide ich in diesem Kapitel zwischen an Depressionen erkrankten Personen und deren Angehörigen.

Als an Depressionen erkrankte Person

Was Sie gegen die Depressionen tun können, ist abhängig von Ihrer Symptomatik und dem Verlauf der Depression.

Der erste und wichtigste Schritt, den Sie machen sollten, ist, Ihren Hausarzt zu kontaktieren und sich dort vorzustellen. Wenn es Ihnen beliebt, können Sie hier auch eine Person Ihres Vertrauens bitten, Sie zu begleiten. Das bietet einen großen Vorteil: Wenn Sie sich vielleicht nicht konkret ausdrücken können, so kann die Vertrauensperson Ihr Verhalten gesondert schildern. Das gibt dem Arzt schon sehr viele Hinweise.

Wenn Sie diesen Schritt gegangen sind, dann wird der Arzt Sie zu verschiedenen Fachärzten weitervermitteln und verschiedene Therapien in die Wege leiten. Hier sind Sie nun besonders gefragt! Sie können die Therapie und somit Ihre Heilungschancen erheblich durch Kleinigkeiten beeinflussen. Für gesunde Menschen sind es Kleinigkeiten! Für Sie, als betroffener Mensch, sind es mitunter teilweise große Hürden.

Doch wenn Sie es schaffen, sich den Depressionen in den Weg zu stellen, dann sollten Sie unbedingt an die frische Luft gehen und sich dort bewegen. Nein, es muss kein Hochleistungssport sein, und Sie müssen sich auch noch nicht sportlich betätigen, wenn Ihr Gesundheitszustand es noch nicht zulässt. Es würde schon regelmäßig die bekannte Runde um den Block genügen, um Ihren Gesundheitszustand erheblich zu verbessern. Denn Bewegung ist ein Wundermittel gegen Depressionen.

Eine weitere Möglichkeit, den Depressionen Einhalt zu gebieten, ist, Aktivitäten nachzugehen, welche Sie weder überfordern noch unterfordern. Wie wäre es, wenn Sie Mandalas malen? Sie können auch gerne einen Freund anrufen und mit diesem ein Telefonat führen. Wenn Sie einen guten Tag mit Depressionen haben, dann nehmen Sie doch den Friseurtermin wahr, oder kochen Sie etwas Gutes für sich. Sie werden staunen, wie gut Ihnen das bekommen wird!

Sich aufraffen, das hört sich so simpel und selbstverständlich an. In gesunden Zeiten war das ganz einfach! Sie sind aufgestanden und haben die Dinge erledigt, die Sie zu erledigen hatten. Doch mit der Depression sieht die Welt ganz anders aus. Sicherlich wird es noch eine Weile dauern, bis Sie wieder in alten Formen durch Ihr Leben gehen können. Doch Sie können die ersten kleinen Schritte bereits selbst gehen. Stellen Sie sich hierzu einen Wochenplan auf, mit Dingen, die Sie erledigen möchten. Sie müssen keine Hexenwerke vollbringen. Waschen Sie doch einfach das schmutzige Geschirr am Montag und öffnen Sie die Briefe am Dienstag. Erstellen Sie sich einen Wochenplan nach Ihrer persönlichen Einschätzung.

Wenn die Gedanken wieder kreisen, Sie leer und taub zu werden scheinen und das mitbekommen, sollten Sie intervenieren. Halten Sie dagegen, und führen Sie Atemübungen durch, hören Sie Musik oder nehmen Sie ein wohltuendes Bad bei Kerzenschein! Es geht hierbei nicht darum, die Depression ganz zu verdrängen, sondern diese, solange es geht, von Ihnen fernzuhalten. Sie werden merken, mit jedem Mal wird es besser werden!

Übrigens können Sie die Depressionen auch über Ihre Ernährung beeinflussen. Hierzu sollten Sie sich ausgewogen und gesund ernähren. Achten Sie auf viel frisches Obst und Gemüse, essen Sie gesunde Fette und gesunde Kohlenhydrate. Gönnen Sie sich aber auch ein kleines Stück Schokolade oder eine andere Leckerei, wenn Ihnen danach ist. Doch übertreiben Sie es mit den Leckereien nicht! Ein Stück Schokolade zur Belohnung oder als Dessert sind völlig ausreichend, und immerhin geht es dabei ja auch um die Sahnehaube, eben das gewisse Extra! Achten Sie ebenfalls auf eine ausreichende Flüssigkeitszufuhr, und trinken Sie viel Wasser. Verzichten Sie dagegen auf Alkohol!

Als Angehöriger einer an Depressionen erkrankten Person

Auch Angehörige müssen sich selbst helfen! Nein, Sie leiden nicht an Depressionen, und darüber sind Sie sicher auch froh. Und trotzdem schultern Sie in dieser schweren Zeit vieles und wachsen sogar über Ihre Kräfte hinaus.

Kurzzeitig stellen solche Belastungen kein Problem dar – das Leben wäre schließlich auch langweilig, würde es nicht manchmal turbulent zugehen. Doch aus einer kurzen Phase entwickelt sich schnell ein Dauerzustand! Hier Grenzen zu ziehen ist schwierig, besonders dann, wenn Sie der erkrankten Person nahestehen. Doch gerade deshalb sollten Sie auf einen gesunden Abstand achten. Das bedeutet keineswegs, dass Sie die erkrankte Person sich selbst überlassen sollen! Ganz im Gegenteil. Sie sollen aber sich selbst nicht aufopfern. Das hilft weder Ihnen noch der erkrankten Person. Doch was können Sie nun für sich tun?

Zunächst einmal sollten Sie die erkrankte Person ermutigen, eine Therapie zu beginnen und einen Arzt aufzusuchen. Dieses Vorhaben führt nämlich dazu, dass Ihnen eine große Last von den Schultern genommen wird. In manchen Fällen sehen verschiedene Therapien vor, die Angehörigen mit einzubinden. Es ist sehr empfehlenswert, dieses Angebot wahrzunehmen. Sie erfahren so nicht nur mehr über die Krankheit, sondern auch, wie Sie sich besser fühlen können. In vielen Fällen gibt es auch sogenannte Angehörigengespräche. Hier werden Sie über den aktuellen Stand des erkrankten Angehörigen informiert und können sich den Frust von der Seele reden.

Viele Angehörige denken früher oder später, dass das demotivierte Verhalten sich gegen sie richtet. Dabei sollten Sie sich unbedingt vor Augen führen, dass es sich um die Krankheit handelt, die aus Ihrem Angehörigen spricht. Hier differenzieren zu können, je nach Symptomatik, ist nicht einfach. Wenn Sie sich aber umfassend über die Krankheit informieren, können Sie einiges besser einordnen und es erleichtert Ihnen den Umgang mit der erkrankten Person. Schließlich müssen Sie nun nicht mehr alles persönlich nehmen!

Depressionen sind eine Krankheit, die große Kreise zieht, und das kann für Sie bedeuten, dass Sie im Laufe der Zeit, meist unbemerkt, immer mehr verzichten und die Krankheit ein Stück in sich selbst aufnehmen. Zum Wohle des Betroffenen verzichten Sie auf Ihren geliebten Sport, die regelmäßigen Theaterbesuche oder einen gemütlichen Abend mit Freunden. Vielleicht fühlen Sie sich aber auch schuldig, weil Sie Freude und Spaß erfahren können und der Angehörige nicht beziehungsweise zurückbleiben muss. Dabei ist es für Sie besonders wichtig, diesen Aktivitäten nachzugehen. Nehmen Sie also am gesellschaftlichen Leben teil und haben Sie Spaß. So laufen Sie auch nicht Gefahr, dass Ihre Energiereserven irgendwann erschöpft sind.

Während eine Erkältung in der Regel recht schnell auskuriert ist, braucht es bei Depressionen einfach sehr viel mehr Zeit. Meist lässt sich die Genesung im Vorfeld auch nicht ausmachen. Sie sollten daher großzügig planen und der Behandlung viel Zeit zugestehen, frei nach dem Motto: Gut Ding braucht Weile. Wenn Sie sich einen großzügigen Zeitrahmen stecken, dann werden Sie auch weniger Enttäuschungen erleben. Informieren Sie sich bei der erkrankten

Person über den Verlauf und im Fall eines Angehörigengesprächs bei dem Therapeuten über die Fortschritte innerhalb der Therapie.

Sosehr Sie sich vornehmen, sich selbst nicht aus den Augen zu verlieren und sich nicht bis zur Erschöpfung aufopferungsvoll um die Person zu kümmern, so zeigt die Realität doch oftmals ein anderes Gesicht. Und so geraten Angehörige nicht selten in die völlige Erschöpfung und Hilflosigkeit. Nicht selten fallen Sie dann ebenfalls einer psychischen Krankheit zum Opfer! Vielleicht kennen Sie die Situation selbst von sich.

Der Umgang mit einer psychisch erkrankten Person ist nicht einfach, kostet viel Kraft, viel Zeit und viele Nerven. Es wäre also nur logisch, wenn Sie ebenfalls professionelle Hilfe in Anspruch nehmen. Innerhalb einer Psychotherapie können Sie beispielsweise offen über Ihre Ängste und Sorgen sprechen, Ihr eigenes Empfinden ordnen und neue Perspektiven bekommen. Alles in allem kann Ihnen eine Therapie nur guttun.

Gleiches zählt für Selbsthilfegruppen. Hier können Sie sich mit Personen austauschen, die ebenfalls in Ihrer Lage stecken oder steckten. Sie müssen die Last nicht alleine tragen und treffen auf Verständnis. Besonders das Verständnis ist im alltäglichen Leben nur schwer zu bekommen, und da ist es einfach Balsam für die Seele, sich einfach mal ausdrücken zu können; und der Gesprächspartner kann es ehrlich und aufrichtig nachvollziehen.

Außerdem können Sie innerhalb einer Selbsthilfegruppe von den Erfahrungen und Tipps der anderen Mitglieder profitieren und diese für Ihren Alltag mitnehmen. Es ist also nicht verkehrt, eine Selbsthilfegruppe für Angehörige von an Depressionen erkrankten Menschen zu besuchen.

So erkennen Sie, ob eine Therapie anschlägt

Es gibt natürlich verschiedene Möglichkeiten, in Erfahrung zu bringen, ob eine Therapie anschlägt oder nicht. Hier ist vor allem das Gefühl des Patienten gefragt. Etwa vier Wochen nach Therapiebeginn, sei es eine medikamentöse Therapie oder die Psychotherapie, sollte resümiert werden. Hier sollte vor allem auf die Meinung des Patienten gehört werden.

Wenn Sie, als Betroffener, das Gefühl haben, es gibt keine Fortschritte, dann sollten Sie diese gegenüber dem Arzt oder Therapeuten kommunizieren. Nicht immer muss das Antidepressivum oder der Therapieansatz der richtige Weg für Sie sein. Manchmal ist es eine Kombination aus beiden Faktoren, manchmal wiederum ist es nur ein kleines Schräubchen, an dem gedreht werden muss, um die gewollten Erfolge einzubringen.

Darüber hinaus wird Ihnen vielleicht schon aufgefallen sein, dass Sie innerhalb der Therapie in regelmäßigen Abständen Fragebögen bekommen, welche Sie ausfüllen müssen. Diese Fragebögen erfassen Ihre aktuelle Situation durch gezielte Fragen. Ihr Therapeut wird diesen auswerten und im Anschluss das Ergebnis mit Ihnen sprechen. Anhand dieser Fragebögen lassen sich Tendenzen ablesen, ob die Therapie in die gewünschte Richtung geht.

Es ist mit einer Depression kein leichtes Unterfangen, die Antworten korrekt auszufüllen. Schließlich kann es durchaus sein, dass Sie die Krankheit mit Ihrer Symptomatik nicht von Ihren Emotionen unterscheiden können. Hier sollten Sie so ehrlich, wie es nur möglich ist, antworten. Bei offenen Fragen oder dem Gefühl, dass die Therapie nicht in die gewünschte Richtung geht, ist immer das Gespräch zu suchen. Hier kann geschaut werden, ob ein ganz neuer Ansatz verfolgt werden muss oder ob lediglich ein weiterer Schritt notwendig ist.

Grundsätzlich ist die Überprüfung aber sehr wichtig, und auch Sie sollten regelmäßig reflektieren. Gerne können Sie auch Angehörige oder Menschen in Ihrem Umfeld befragen, ob diese eine Veränderung, ganz gleich, wie klein diese auch sein mag, sowohl in die positive, aber auch negative Richtung an Ihnen bemerkt haben. Am Ende sind es aber Sie, der über einen Fortbestand der Therapie entscheidet. Alle anderen Menschen um Sie herum können Ihnen lediglich Tipps und Möglichkeiten aufzeigen und geben.

Heilungschancen

Die Depressionen sind eine schwere und sehr ernstzunehmende Erkrankung der menschlichen Seele. Die Suizidrate ist hoch, und das Leben mit einer Depression ändert sich nicht nur für Betroffene, sondern auch für die Angehörigen.

Doch bei aller Dunkelheit, welche die Krankheit mit sich bringt, sind die Heilungschancen insgesamt sehr gut. Dabei gilt: Je früher eine Depression erkannt wird, umso schneller und einfacher lässt sie sich behandeln. Unbehandelt ist eine Depression allerdings gefährlich und führt nicht selten in den Suizid.

Die Symptome verschlimmern sich dabei zunehmend, und es kann durchaus zu einer schweren Depression oder einer chronischen Depression kommen. Wenngleich nicht unmöglich, so ist es doch schwierig, eine der beiden zuvor genannten Formen der Depression vollständig zu heilen. Ein Verschleppen ist also ähnlich wie bei einer Grippe: Besser wird es von alleine nicht mehr.

In den seltensten Fällen lässt sich nur noch Schadensbegrenzung betreiben! Mit den richtigen Medikamenten und einer konsequenten Therapie lassen sich Depressionen selbst bei älteren Menschen in den Griff bekommen, ja sogar heilen.

Natürlich gibt es Faktoren, welche die Heilungschancen begünstigen. Dazu zählen:

- Ein frühes Erkennen und Behandeln der Depressionen
- Gut eingestellte Medikamente und eine passende Psychotherapie
- Ein intaktes soziales Umfeld
- Gute Nutzung der eigenen Ressourcen

Dem gegenüber stehen natürlich jene Faktoren, die eine Heilung erschweren. Dazu zählen:

- Unregelmäßiges Einnehmen der Medikamente und ein unregelmäßiger Besuch bei der Psychotherapie
- Weitere psychische Erkrankungen, beispielsweise Angststörungen
- Innere Resignation, beispielsweise durch einen Rückfall
- Entwickelte Abhängigkeiten, beispielsweise von Alkohol

Obwohl die Heilungschancen sehr gut sind, so ist es doch eine individuelle Sichtweise, denn die Therapie einer Depression nimmt sehr viel Zeit und Konsequenz in Anspruch. Es ist daher notwendig und wichtig, sich die Zeit zu geben, die es zur Heilung braucht!

Statistik und Zahlen

Abschließend möchte ich Ihnen noch ein paar Zahlen und Fakten mit auf den Weg geben.

Etwa 350 Millionen Menschen sind weltweit von Depressionen betroffen. Dabei werden Frauen 2-3-mal so häufig mit Depressionen diagnostiziert, wie es bei Männern der Fall ist. Es lässt sich also sagen, dass Depression eine sehr weitreichende und häufige Erkrankung der Seele ist, welche tendenziell in den kommenden Jahren noch zunehmen wird.

Die WHO gab im Jahr 2012 eine Umfrage in Auftrag, bei der sie fragte, wie viele depressive Episoden erlebt wurden. Heraus kam, dass eine von zwanzig Personen mindestens eine depressive Episode erlebte. Noch drastischer wird es, wenn man die Verbreitung betrachtet. So fand Kessler et al. im Jahr 1994 heraus, dass eine von fünf Personen im Laufe des Lebens mindestens einmal an Depressionen erkranken wird. Eine düstere Tendenz, welche sich allmählich immer mehr zu bewahrheiten scheint.

Wenn Sie sich heute den weltweiten Stand ansehen, dann liegt Krebs mit 8,3 % von den weltweit häufigsten Erkrankungen im Mittelfeld. Diabetes ist mit 1,7 % sogar nur sehr selten vertreten. 15,6 % der gesamten Erkrankungen gehen zulasten der Herz-Kreislauf-Erkrankungen; und die psychischen Erkrankungen, worunter auch die Depressionen zählen, schlagen mit 16,3 % zu Buche. Die Tendenz ist steigend!

Erschreckend ist aber ebenfalls, dass sich die Depressionen immer häufiger bei jungen Menschen zeigen. Das bedeutet nicht nur einen massiven persönlichen Einschnitt, sondern es gehen die eigentlich doch schönen Jahre dadurch verloren, denn die Krankheit nimmt sie den Betroffenen. Die WHO fand hierzu im Jahr 2012 ebenfalls heraus, dass die Depressionen die meisten Krankheitsjahre verursachen und somit auch hier die traurige Spitze anführt. Sie haben richtig gelesen. Wir haben die Zählung Tage oder Wochen hinter uns gelassen und sprechen tatsächlich von Jahren des Ausfalls durch die Depression.

Das wirklich Tragische an der Sache ist aber, dass die scheinbar aufgeklärte Bevölkerung eigentlich mit Scheuklappen durchs Leben geht. Denn obwohl man die Zahlen und Fakten kennt, wird noch immer zu wenig gegen die Depression unternommen. Und so kommt es auch, dass gerade einmal die Hälfte der Betroffenen behandelt wird. In manchen Ländern sind es sogar weniger als 10 % der Erkrankten, denen Hilfe zuteilwird. Dabei gibt es so viele Ansätze und Forschungen, die den Betroffenen das Leid ersparen, zumindest aber vermindern könnten. Ein Armutszeugnis der Gesellschaft und des Willens, den Menschen zu helfen!

Aus diesem Grund bleibt am Ende nur zu hoffen, dass sich Betroffene selbst Hilfe holen können oder aber von ihrem sozialen Netz so getragen werden, dass dieses Hilfe im Namen der an Depressionen erkrankten Person sucht. Depressionen sind heilbar – sie müssen das Leben nicht bestimmen!

Ein Test

Ein Tief, einfach nur eine momentane Trauer oder sind es doch Depressionen? Eine Frage, die viele Menschen umtreibt. Es ist für Laien keine einfache Aufgabe, eine Depression eindeutig zu identifizieren. Natürlich gibt es eine Reihe von Symptomen, mit deren Hilfe Sie einen ersten Überblick bekommen, zumindest aber erkennen können, ob die Depression auch bei Ihnen zutrifft. Doch Selbstdiagnosen werfen nicht selten mehr Fragen auf, als dass sie wirklich beantwortet werden könnten. Aus diesem Grund möchte ich Ihnen zwei Tests vorstellen.

In diesem Kapitel finden Sie einen Test für sich und einen Test, der für Angehörige durchzuführen ist. Bei beiden Testverfahren handelt es sich lediglich um eine Hilfestellung, nicht aber um eine eindeutige Diagnose. So gibt der Test lediglich Aufschluss über eine Tendenz.

Wie Sie bereits wissen, gibt es nicht die eine Form der Depression. Eine Vielzahl von Symptomen, Anzeichen und Ausprägungen beschreiben eine Reihe verschiedener Depressionserkrankungen, die sowohl für sich als auch gemeinsam mit anderen psychischen Erkrankungen auftreten können. Damit Sie eine eindeutige Diagnose bekommen, müssen Sie sich einer diagnostischen Untersuchung bei dem Arzt Ihres Vertrauens unterziehen. Dieser sollte in der Lage sein, eine Depression zu diagnostizieren und gegebenenfalls weitere Schritte in die Wege zu leiten.

Dieser Test, sowohl für Betroffene als auch für Angehörige, bezieht sich auf den Zeitraum der letzten zwei Wochen.

Wenn die Symptome bereits länger als zwei Wochen andauern, sollten Sie auch ohne das Ergebnis dieses Tests einen Arzt aufsuchen. Die beiden Tests basieren übrigens auf dem sogenannten ICD-10-Katalog (ICD steht für International Classification of Diseases, zu Deutsch Internationale statistische Klassifikation der Krankheiten und verwandter Gesundheitsprobleme).

Der ICD-10-Katalog ist eine Klassifizierung zur Diagnose von Krankheiten der WHO (World-Health-Organisation, Weltgesundheitsorganisation). In diesem Katalog werden also sämtliche Krankheiten und deren Symptome festgehalten. Außerdem werden die Rahmenbedingungen gesetzt, ab wann jemand an einer Krankheit erkrankt ist und um welche Krankheit es sich handelt. Dies aber nur als Information am Rande. Hier soll es schließlich um den Test für Sie oder aber für einen Angehörigen gehen.

Wie führen Sie den Test durch? Sie bekommen verschiedene Fragen zu verschiedenen Situationen und Emotionen gestellt, die Sie mit einem Ja oder Nein beantworten. Am Ende des Tests zählen Sie zusammen, wie viele Fragen mit Ja beantwortet wurden und schauen im Anschluss in den Auflösungen nach. Dort finden Sie eine allgemeine Einschätzung zu Ihrem psychischen Gesundheitszustand bezüglich der Depressionen.

Habe ich Depressionen?

Dieser Test ist für jene Menschen auszufüllen, die bei sich selbst eine Depression vermuten oder bereits darunter leiden. Auf diesem Weg können Sie sich einen Überblick über Ihre Verfassung verschaffen und diese im Rhythmus von zwei Wochen auf Veränderungen überprüfen. Ich weise nochmal darauf hin, dass es sich bei diesem Test nicht um eine Diagnose handelt, sondern lediglich um eine Wahrscheinlichkeit, dass Sie unter Depressionen leiden!

Bitte beantworten Sie nun die zehn Fragen zu Ihrem Befinden und Ihren Emotionen.

Nr.	Frage	Ja	Nein
1	Litten Sie in den letzten zwei Wochen unter einer gedrückten Stimmung?		
2	Hatten Sie in den letzten zwei Wochen mit dem Verlust von Interesse an Hobbys oder anderen Aktivitäten, die Ihnen eigentlich Freude bringen, zu kämpfen?		
3	Verspürten Sie in den letzten zwei Wochen vermehrt eine innere Unruhe und / oder eine schwere Müdigkeit?		
4	Kämpften Sie in den letzten zwei Wochen vermehrt mit fehlendem Selbstvertrauen und mangelndem Selbstwertgefühl?		

5	Hatten Sie in den letzten zwei Wochen massive Probleme mit Ihrer Konzentration und / oder neigten Sie dazu, viel und intensiv zu grübeln (insbesondere in Situationen, in denen eine Entscheidung von Ihnen gefordert wurde)?		
6	Lasteten in den letzten zwei Wochen starke Schuldgefühle auf Ihren Schultern und / oder haben Sie sich intensiv in Selbstkritik geübt?		
7	Sind die Zukunftsperspektiven in den letzten zwei Wochen zunehmend dunkler und düsterer geworden?		
8	Litten Sie in den letzten zwei Wochen unter massiven Schlafstörungen, sowohl Einschlaf- als auch Durchschlafstörungen?		
9	Hat Ihr Appetit in den letzten zwei Wochen drastisch abgenommen, sich zumindest stark nach unten verändert?		
10	Hatten Sie es in den letzten zwei Wochen mit tiefer Verzweiflung zu tun und / oder Suizidgedanken?		

Auswertung

Hier finden Sie nun die Auswertung zu dem Test. Zählen Sie hierzu bitte alle Antworten, die Sie mit einem Ja beantwortet haben, zusammen und lesen Sie das Ergebnis ab.

0-1 Ja

Eine Depression ist bei Ihnen eher unwahrscheinlich. Das bedeutet allerdings nicht, dass keine Depression vorliegen könnte. Bei Unsicherheiten sollten Sie mit dem Arzt Ihres Vertrauens über die Symptome sprechen.

2-4 Ja

Es könnte eventuell eine Depression vorliegen. An dieser Stelle ist es empfehlenswert, wenn Sie mit dem Arzt Ihres Vertrauens ein Gespräch führen. Hierzu sollten Sie alle möglichen Symptome, welche Sie verspüren, sowohl psychischer als auch körperlicher Natur, aufschreiben und diese Liste zum Gespräch mit sich führen. Anhand dieser Vorarbeit kann der Arzt gezielter fragen und Untersuchungen anstellen.

5-8 Ja

Sie haben fünf oder mehr Antworten mit einem Ja beantwortet. Das Risiko, dass Sie an Depressionen erkrankt sind, steigt somit. Sie sollten zeitnah einen Arzt Ihres Vertrauens aufsuchen und mit ihm alle weiteren Schritte besprechen.

9-10 Ja

Die Wahrscheinlichkeit, dass Sie an einer schweren Form der Depression erkrankt sind, ist sehr wahrscheinlich. Da nur ein kompetenter Arzt alle weiteren Schritte in die Wege leiten kann, sollten Sie unbedingt schnellstmöglich einen Termin bei dem Arzt Ihres Vertrauens wahrnehmen und mit ihm Ihre Symptome gezielt besprechen. Besonders die Suizidgedanken gehören in medizinische Hände. Sollte Ihr Arzt keinen Termin sofort für Sie frei haben, so besteht auch die Möglichkeit, dass Sie sich in die Notfallambulanz einer Psychiatrie in Ihrer Nähe begeben.

Könnte jemand in meinem Umfeld Depressionen haben?

Vielleicht gibt es einen Menschen in Ihrem persönlichen Umfeld, den Sie als depressiv beschreiben würden. Doch steckt auch immer eine Depression dahinter? Besonders für Angehörige ist es schwierig, eine Depression zu erkennen und die Symptome richtig zu deuten. Mit diesem Test möchte ich Ihnen ein wenig mehr Klarheit schenken. Wenngleich dieser Test keine medizinische Aussagekraft besitzt, denn eine Depression kann nur ein Arzt diagnostizieren, so kann er Ihnen aber einen Verdacht bestätigen oder widerlegen. So oder so sollten Sie aber ein Gespräch mit dem Betroffenen suchen und ihm oder ihr gegebenenfalls Unterstützung anbieten.

Im Anschluss finden Sie neun Fragen, welche Sie mit Ja oder Nein beantworten müssen.

Am Ende des Tests finden Sie die Auflösung.

Nr.	Frage	Ja	Nein
1.	Fühlen Sie sich in der letzten Zeit von der vermeintlich unter Depressionen leidenden Person abgelehnt, vielleicht auch weniger geliebt?		
2.	Zieht sich die betroffene Person seit einiger Zeit vermehrt aus dem sozialen Leben zurück, nimmt an keinen Aktivitäten mehr teil und sucht auch keinen Kontakt zu engen Freunden oder der Familie?		

3.	Lehnt die betroffene Person Ihr Angebot ab, ihr oder ihm zu helfen? Werden Sie dann zurückgewiesen und es wird abgetan?		
4.	Hat die betroffene Person in der letzten Zeit eine äußerliche Veränderung durchlitten (zum Beispiel eine versteinerte oder emotionslose Mimik und Gestik)?		
5.	Wenn Sie mit der betroffenen Person zusammen sind, fühlen Sie sich im Anschluss dann meist völlig ausgepowert und leergesogen, vielleicht auch frustriert?		
6.	Streiten Sie in der letzten Zeit vermehrt mit der betroffenen Person?		
7.	Wenn Sie Kontakt zu der betroffenen Person haben, scheinen Sie sich im Anschluss ängstlicher oder angespannter zu fühlen?		
8.	Konnten Sie eventuell bei der betroffenen Person einen vermehrten Konsum von Alkohol, Zigaretten, Medikamenten oder Ähnlichem beobachten oder vermuten?		
9.	Wurden Verlustängste in der letzten Zeit vermehrt geäußert oder hat die betroffene Person in letzter Zeit vermehrt darüber geklagt, sich allein gelassen zu fühlen?		

Auswertung

Hier finden Sie nun die Auswertung zu dem Test. Zählen Sie hierzu bitte alle Antworten, die Sie mit einem Ja beantwortet haben, zusammen und lesen Sie das Ergebnis ab.

0-1 Ja

Eine Depression ist bei der betroffenen Person eher unwahrscheinlich. Das bedeutet allerdings nicht, dass keine Depression vorliegen könnte. Bei Unsicherheiten sollten Sie mit der betroffenen Person ein Gespräch suchen. Beobachten Sie den weiteren Verlauf der betroffenen Person aber vorsichtshalber.

2-4 Ja

Es könnte eventuell eine Depression vorliegen. An dieser Stelle ist es empfehlenswert, wenn Sie mit der betroffenen Person ein Gespräch führen. Schlagen Sie der betroffenen Person vor, ein Gespräch mit dem Arzt des Vertrauens.

5-7 Ja

Sie haben 5 oder mehr Antworten mit einem Ja beantwortet. Das Risiko, dass die betroffene Person an Depressionen erkrankt ist, steigt somit. Sie sollten zeitnah ein Gespräch mit der betroffenen Person führen und dieser dann auch nahelegen, alsbald einen Arzt des Vertrauens aufzusuchen.

Kommunizieren Sie an der Stelle aber deutlich, dass Sie gewillt sind, die betroffene Person zu begleiten und sie zu unterstützen, Sie können ihr aber keine Arbeit abnehmen.

8-9 Ja

Die Wahrscheinlichkeit, dass die betroffene Person an einer schweren Form der Depression erkrankt ist, ist sehr wahrscheinlich. Da nur ein kompetenter Arzt alle weiteren Schritte einleiten kann, sollten Sie unbedingt schnellstmöglich der betroffenen Person dazu raten, einen Termin bei dem Arzt des Vertrauens wahrzunehmen und mit ihm die Symptome gezielt besprechen. Besonders die Suizidgedanken gehören in medizinische Hände. Sollte die betroffene Person bei dem Arzt keinen Termin sofort bekommen, so besteht auch die Möglichkeit, dass die betroffene Person sich in die Notfallambulanz einer Psychiatrie in der Nähe begibt. Kommunizieren Sie an der Stelle aber auch wieder deutlich, dass Sie gewillt sind, die betroffene Person zu begleiten und sie zu unterstützen, Sie können ihr aber keine Arbeit abnehmen.

Abschließende Worte

Nun sind wir am Ende einer langen Reise durch die Welt der Depressionen angelangt. Allmählich wird es Zeit, Lebewohl zu sagen. Doch bevor es so weit ist, möchte ich mich bei Ihnen für Ihre Zeit bedanken, welche Sie mir und dem Buch geschenkt haben. Sehr hoffe ich an dieser Stelle, dass Sie einiges aus diesem Buch für sich oder Ihre Angehörigen mitnehmen konnten. Wenn Sie die schwere Krankheit nun ein wenig besser verstehen, dann hat dieses Buch bereits viel erreicht.

Es ist nicht einfach, ein Leben mit Depressionen zu führen – weder für Betroffene noch für Angehörige. Trotzdem stehen die Heilungschancen sehr gut, und es ist möglich, die Depressionen und somit die dunkle Seite des Lebens ohne Hoffnung und Perspektive zu verlassen. Zunächst ist es wie ein kleiner Schimmer am Horizont, der allmählich zur aufgehenden Sonne wird. Es braucht Zeit, und trotzdem folgt nach jedem Regen wieder Sonnenschein. Und genauso ist es bei der Depression auch.

Bevor wir uns nun aber heute voneinander verabschieden, habe ich noch eine letzte Bitte an Sie. Wenn Ihnen dieses Buch gefallen hat, Sie es als Informationsquelle gut fanden und einiges für sich oder einen Angehörigen mitnehmen konnten, dann würde ich mich sehr über eine Rezension freuen. Gerne können Sie auf diesem Weg auch Lob und Kritik an mich richten, auf die ich dann gerne eingehen möchte.

Für Ihren weiteren Weg wünsche ich Ihnen natürlich von Herzen alles Gute, vor allem viel Gesundheit und einen Weg aus der Depression! Ich würde mich sehr freuen, wenn wir uns in einem meiner anderen Bücher erneut lesen werden. In diesem Sinne machen Sie es gut und auf Wiedersehen!

Quellen

https://www.neurologen-und-psychiater-im-netz.org/psychiatrie-psychosomatik-psychotherapie/erkrankungen/depressionen/was-ist-eine-depression/

https://www.test.de/Depressionen-Erkennen-behandeln-vorbeugen-1132481-1142227/

https://www.deutsche-depressionshilfe.de/depression-infos-und-hilfe/selbsttest-offline

https://www.netdoktor.de/krankheiten/depression/

https://www.neurologen-und-psychiater-im-netz.org/psychiatrie-psychosomatik-psychotherapie/stoerungen-erkrankungen/depressionen/ursachen/

https://www.dasgehirn.info/krankheiten/depression/den-schwarzen-hund-zaehmen

https://www.deutsche-depressionshilfe.de/depression-infos-und-hilfe/ursachen-und-ausloeser/neurobiologische-seite

https://www.sparmedo.de/ratgeber/depression-depressive-verstimmungen-123/#risikogruppen

https://www.neurologen-und-psychiater-im-netz.org/psychiatrie-psychosomatik-psychotherapie/stoerungen-erkrankungen/depressionen/fruehsymptome/

https://www.deutsche-depressionshilfe.de/depression-infos-und-hilfe/ursachen-und-ausloeser

https://www.stiftung-gesundheitswissen.de/wissen/depression/hintergrund?gclid=EAIaIQobChMI39n6roz25wIV-FON3Ch2WKA6XEAAYAiAAEgJACvD_BwE

https://www.netdoktor.at/krankheit/maennerdepression-6516692

https://www.neurologen-und-psychiater-im-netz.org/kinder-jugend-psychiatrie/ratgeber-archiv/meldungen/article/depressionen-symptome-bei-kindern-sind-anders-als-bei-erwachsenen/

https://www.deutsche-depressionshilfe.de/depression-infos-und-hilfe/depression-in-verschiedenen-facetten/depression-im-kindes-und-jugendalter

https://www.amboss.com/de/wissen/Depression

https://www.apotheken-umschau.de/Angst/Angst--Ursachen-Depressionen-und-andere-psychische-Erkrankungen-53318_4.html

https://ze.tt/letstalkaboutmentalhealth-was-bedeutet-es-wenn-du-an-einer-depression-leidest/

https://editionf.com/wie-geht-depressionein-erklaerungsversuch-fuer-dich/

https://www.deutsche-depressionshilfe.de/depression-infos-und-hilfe/rat-fuer-angehoerige

https://www.stiftung-gesundheitswissen.de/gesundes-leben/psyche-wohlbefinden/depression-was-koennen-angehoerige-tun-und-wie-koennen-sie-sich

https://www.bapk.de/angebote/rat-fuer-familien.html

https://www.deutsche-depressionshilfe.de/depression-infos-und-hilfe/behandlung/psychotherapeutische-behandlung

https://de.wikipedia.org/wiki/Psychotherapie

https://de.wikipedia.org/wiki/Verhaltenstherapie

https://de.wikipedia.org/wiki/Tiefenpsychologisch_fundierte_Psychotherapie

https://www.apotheken-umschau.de/Depression/Depressionen-Was-kann-ich-selbst-tun-32754_11.html

https://www.selfapy.de/blog/depression/was-tun-gegen-depressionen/

https://www.volkskrankheit.net/krankheiten/depressionen?gclid=EAIaIQobChMIwo3HjZz85wIVEOJ3Ch14XA-WEAAYASAAEgLbj_D_BwE

https://www.patienten-information.de/kurzinformationen/depression-ratgeber-fuer-angehoerige

https://www.netdoktor.at/magazin/depression-in-zahlen-6885772

https://www.netdoktor.at/magazin/depression-in-zahlen-6885772

https://de.statista.com/themen/161/burnout-syndrom/

https://www.ptk-nrw.de/de/mitglieder/publikationen/ptk-newsletter/archiv/ptk-newsletter-spezial/zahlen-fakten-depression.html

Haftungsausschluss

Die Umsetzung aller enthaltenen Informationen, Anleitungen und Strategien dieses Buches erfolgt auf eigenes Risiko. Für etwaige Schäden jeglicher Art kann der Autor aus keinem Rechtsgrund eine Haftung übernehmen. Für Schäden materieller oder ideeller Art, die durch die Nutzung oder Nichtnutzung der Informationen bzw. durch die Nutzung fehlerhafter und/oder unvollständiger Informationen verursacht wurden, sind Haftungsansprüche gegen den Autor grundsätzlich ausgeschlossen. Ausgeschlossen sind daher auch jegliche Rechts- und Schadensersatzansprüche. Dieses Werk wurde mit größter Sorgfalt nach bestem Wissen und Gewissen erarbeitet und niedergeschrieben. Für die Aktualität, Vollständigkeit und Qualität der Informationen übernimmt der Autor jedoch keinerlei Gewähr. Auch können Druckfehler und Falschinformationen nicht vollständig ausgeschlossen werden. Für fehlerhafte Angaben vom Autor kann keine juristische Verantwortung sowie Haftung in irgendeiner Form übernommen werden.

Urheberrecht

Alle Inhalte dieses Werkes sowie Informationen, Strategien und Tipps sind urheberrechtlich geschützt. Alle Rechte sind vorbehalten. Jeglicher Nachdruck oder jegliche Reproduktion – auch nur auszugsweise – in irgendeiner Form wie Fotokopie oder ähnlichen Verfahren, Einspeicherung, Verarbeitung, Vervielfältigung und Verbreitung mit Hilfe von elektronischen Systemen jeglicher Art (gesamt oder nur auszugsweise) ist ohne ausdrückliche schriftliche Genehmigung des Autors strengstens untersagt. Alle Übersetzungsrechte vorbehalten. Die Inhalte dürfen keinesfalls veröffentlicht werden. Bei Missachtung behält sich der Autor rechtliche Schritte vor.

Impressum:

© Marielle Camann
2021
1. Auflage
Alle Rechte vorbehalten.
Nachdruck, auch in Auszügen, nicht gestattet.
Kein Teil dieses Werkes darf ohne schriftliche Genehmigung des Autors in irgendeiner Form reproduziert, vervielfältigt oder verbreitet werden.
Kontakt: Marielle Camann, Karolinenstraße 9, 13507 Berlin

Printed in Poland
by Amazon Fulfillment
Poland Sp. z o.o., Wrocław